양모솜과 펠트로 만드는
내 아이의 발도르프 인형 & 놀잇감

발도르프
인형&놀잇감
만들기

저자 강인구, 박정기

도서출판 **아이나무**

발도르프 인형&놀잇감 만들기

2016년 12월 24일 1판 1쇄 인쇄

저자 강인구, 박정기
편집·Director 박정기
펴낸곳 도서출판 아이나무
주소 경기도 성남시 분당구 불곡북로 35번길 10.
전화번호 031)707-2687 / 팩스 0505)807-7878
등록 2006년 2월 9일 제381-2006-00014호

ISBN 978-89-957807-3-2 13630

정가 20,000원

파본은 교환하여 드립니다.

저작권자의 허락없이 이 책의 일부 또는 전체를 무단 복제,
전재, 발췌하면 저작권법에 의해 처벌을 받습니다.

Family
자연주의 유아놀이 연구소 '아이나무-발트앤슈필' Homepage: www.inamu.org
자연주의 발도르프 토이&교육용품 '아이나무토이즈' Homepage: www.waldnspiel.co.kr

발도르프
인형&놀잇감 만들기

들어가면서.... (Zu diesem Buch)

독일 튀빙엔의 작은 유치원에서 처음 발도르프 교육을 알게 되었다. 발도르프 교육에서 중요하게 여기는 머리가 아니라 먼저 가슴과 감각으로 발도르프 교육을 느끼고 체험하였다. 그리고 이 좋은 교육을 어떻게 국내에 소개해야 할지 나에겐 큰 고민이고 숙제였다. 그리고 16년의 세월을 지나 2016년의 여름을 맞이하고 있다. 여러 발도르프 교육기관을 설립하였고, 기관이 자리잡을 수 있도록 도와주며 많은 교사교육과 부모교육을 하였다. 발도르프 교육이 무엇인지도 모르고 시작한 학부모님들, 교사들이었지만 그들에게는 좋은 교육, 바른 교육 더 나아가 아이들과 부모들이 함께 행복한 교육을 찾아 모여든 느낌이었다.

아직도 처음 발도르프 교육을 알고자 하는 분들에게 '발도르프 교육이 무엇인지'를 설명하기는 쉽지 않다. 추상적인 것보다는 구체적이고, 자신의 생각을 서술하는 주관식 보다는 정답을 고르는 객관식이 더 익숙한 우리들에게는 발도르프 교육의 느낌을 전달하기는 매우 어려웠고 지금도 쉽지 않은 부분이다. 하지만 어떠한 철학이나 강의보다 함께 만드는 발도르프 인형과 놀잇감은 발도르프 교육의 느낌을 효과적으로 전달할 수 있었던 고마운 존재였다.

어느 세대이든지 자식을 사랑하는 부모님들의 마음은 같겠지만, 요즘의 엄마, 아빠들을 만나 보면 좋은 부모가 되기 위해 부단히도 노력한다. 많은 육아 도서를 읽고 좋은 음식은 물론, 아이들에게 좋다는 것은 다 해주기 위해 최선을 다하는 것 같다. '하지만 진정으로 내 관점과 내 생각이 아닌 내 아이에게 지금 무엇이 필요하고 내 아이의 마음이 어떤지'에 대해 아이들의 눈높이에서 생각할 수 있는 부모들은 그렇게 많지 않은 것 같다.

오늘 내 아이에게 당장 사용하지 않는 천 조각을 가지고 작은 놀잇감이라도 만들어 주는 것은 어떨까? 잘 만들지 않아도 상관없다. 내 아이가 자신이 만든 놀잇감을 좋아하지 않아도 괜찮다. 그러나 내 아이를 위한 놀잇감을 만들면서 느끼는 마음의 소리는 그 어떤 것과 바꿀 수 없는 소중하고 가치롭다고 할 수 있다. 내 아이를 위한 놀잇감을 만들며 내 아이가 지금 느낄 수 있는 감정을 조금이라도 공유할 수 있지 않을까?

그리고 무엇보다도 이 책이 하나님께서 만드신 아름다운 인간성과 순수성을 지킬 수 있는 작은 도구로 쓰이기를 기도한다.

2016년 12월 어느 날에

저자 강인구, 박정기 씀

Inhalt
목차

27	**양모솜과 펠트로 만드는 발도르프 인형&놀잇감이란**
29	1. 발도르프 교육이란
30	2. 현대의 아이들에게 왜 발도르프인형 및 놀잇감이 꼭 필요한가요?
34	3. 발도르프 인형 및 놀이감의 2가지 접근방법
35	4. 발도르프 인형 및 놀잇감의 특징
37	5. 발도르프 펠트&솜 놀잇감의 특징
42	6. 재료와 도구
45	**발도르프 인형&놀잇감 만들기 실제**
47	1. 양모솜 달팽이 만들기
53	2. 양모솜 공 만들기
59	3. 양모솜 새 만들기

67	4. 양모솜 꽃 만들기
74	5. 양모솜 테이블인형 만들기
87	6. 양모솜 강아지 만들기
97	7. 펠트 천 난장이 만들기
106	8. 펠트 천 생쥐 만들기
116	9. 펠트 천 테이블인형 만들기
130	10. 발도르프 유치원 졸업인형 만들기

146 아이들과 함께 하는 바느질활동 프로그램

148	바느질활동 1. 바느질하는 모습 모델링하기
150	바느질활동 2. 바늘과 친구하기
154	바느질활동 3. 바느질 연습하기 1
156	바느질활동 4. 내 가방을 만들어요
160	바느질활동 5. 바느질 연습하기 2
162	바느질활동 6. 바늘꽂이를 만들어요
166	바느질활동 7. 바느질 연습하기 3
168	바느질활동 8. 생쥐 인형을 만들어요

172 바느질 방법

오늘 내 아이에게 작은 놀잇감이라도 만들어 주는 것은 어떨까?
내 아이를 위한 놀잇감을 만들면서 느끼는 마음의 소리는
그 어떤 것과도 바꿀 수 없는
소중하고 가치로운 일이라고 할 수 있다.

양모솜 강아지

펠트 천 난장이

양모솜 공

양모솜 테이블 인형

펠트 천 테이블인형

펠트 천 생쥐

양모솜 새

양모솜 꽃

졸업인형

양모솜 달팽이

펠트 천 테이블인형

양모솜 테이블인형

내 아이를 위한 놀잇감을 만들며
내 아이가 지금 느낄 수 있는 감정을 조금이라도
공유할 수 있지 않을까?

양모솜과 펠트로 만드는
발도르프 인형&놀잇감이란?

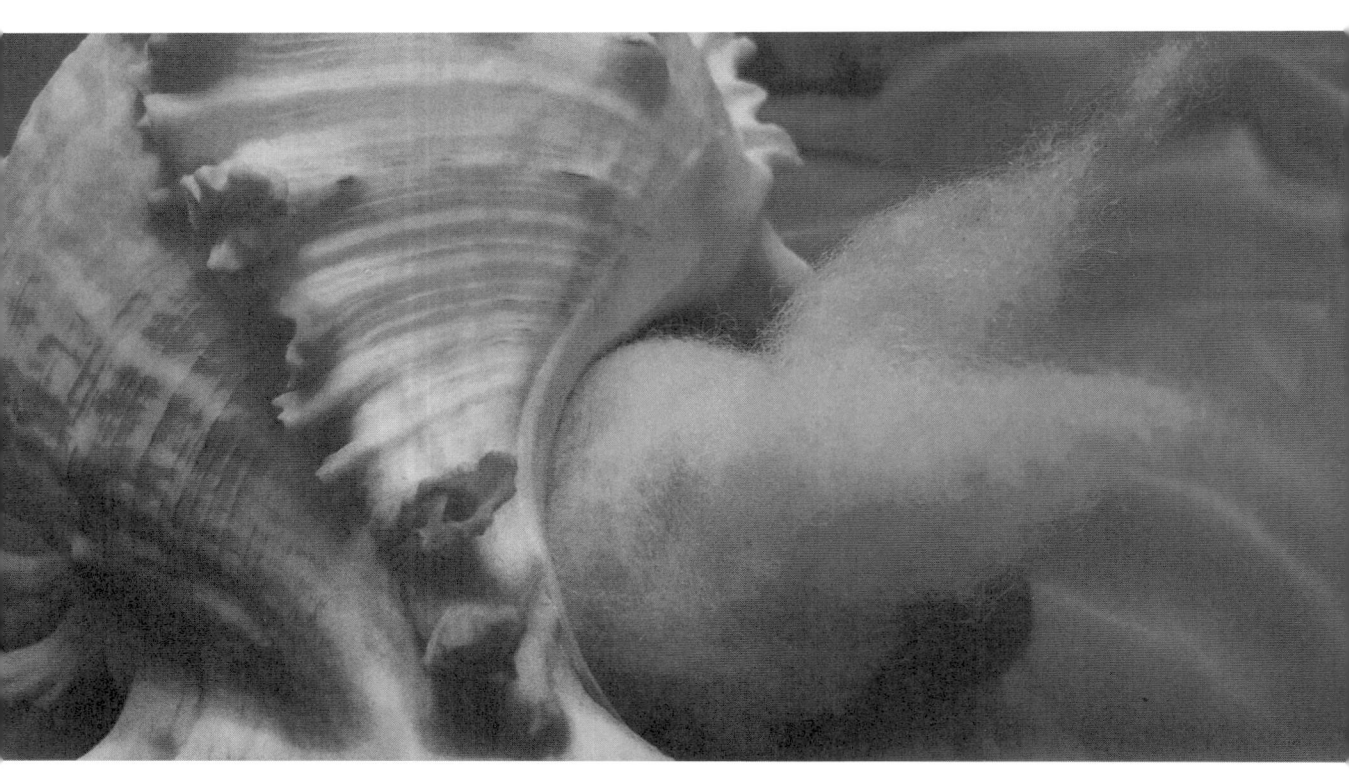

1. 발도르프 교육이란?

발도르프 교육은 독일의 공업화가 시작되었던 1919년 독일 슈투트가르트(stuttgart)에 있는 '발도르프 아스토리아(waldorf astoria)' 담배공장 노동자들의 자녀를 위해 루돌프 슈타이너(Rudolf Steiner)의 교육철학과 방법을 토대로 시작되었다. 이 공장의 이름을 따서 '발도르프 교육'이라 지칭하게 되었다.

발도르프 교육은 슈타이너의 인지학(anthroposophy)에 기초를 두고 있는데, 인간을 의미하는 anthropos와 지혜를 뜻하는 sophia가 합쳐진 인지학(anthroposophy)은 '인간 내면의 인식은 근본적으로 어디에서부터 오는 것인가'라는 인식론적인 문제에서 출발하여, 정신적이며 영원한 것을 탐구하고자 하는 것이라고 할 수 있는데, 즉 인지학은 인간과 세계를 이해하는 하나의 방식, 즉 '정신세계의 탐구를 위한 과학적 방법론'으로 이해되기도 한다 (christoph, 1992).

〈아이나무 발트앤슈필 분당 정자센터〉

Christoph, Lindenberg(1992). Rudolf Steiner. Rowohlt Tb.

2. 현대의 아이들에게 왜 발도르프 인형 및 놀잇감이 꼭 필요한가요?

1) 아이들에게 진정한 '아이다움'을 선물한다.

너무나 많은 자극과 외형적으로 아름답고, 심지어 첨단 기술이 탑재되어 있는 현대에서의 아이들의 놀잇감이 아이들로 하여금 더 꿈꾸게 하지 못하도록 하고 있다. 물론, 화려하게 변신되는 로봇이나 예쁘게 화장되어 있는 인형도 아이들에게 어느 정도로 상상력을 제공하지만, 눈코입이 없는 최소한의 단순형태에서 다양한 것들을 생각해 낼 수 있는 상상력과는 질적인 차이가 있다고 하겠다. 아이의 성격, 기질, 양육환경 등에 따라서 차이는 있을 수 있겠지만 현대의 아이들은 많은 자극에 이미 노출되어 있고 이러한 자극에 너무나도 익숙한 나머지 더 새롭고 강한 자극을 선호한다고 할 수 있겠다. 0세부터 7세까지 아이들은 보고 만지고 움직이는 것을 통하여 7세 이후에 나타나는 발달과 성장의 에너지를 더 충만하게 할 수 있는데 0세부터 7세까지 어떠한 놀잇감과 어떠한 환경 속에서 양육되고 성장하였는가가 이후의 아이들의 발달에도 많은

영향을 준다고 하겠다.

2) 아이들에게 전 영역의 다양한 발달을 선물한다.

흔히 발도르프 인형과 놀잇감을 가지고 놀이를 하는 모습을 보면 '조용하다', '정적이다' 라는 단어로 놀이의 모습을 쉽게 정의하지만 발도르프 인형과 놀잇감을 통하여 아이들이 얻는 다양한 발달은 매우 많다고 할 수 있다. 발도르프 인형과 놀잇감은 개별적이고 아이의 흥미와 재미를 기본 바탕으로 하지만 '생각의 힘'과 '상상의 힘'을 중요시하기에 발도르프 교육환경에서의 놀이를 살펴보면 차분한 첫 인상을 가지는 것 같다. 놀잇감이 구체화되지 않고 촉감에 중점을 두기에 아이들의 정서적인 안정감 뿐만 아니라, 소근육, 대근육, 여러 가지 변환을 통하여 소꿉놀이와 역할놀이에서의 다양한 소재로 사용되어지기에 사회성발달을 촉진시키는 역할을 한다.

3) 바쁜 현대사회의 지친 아이들에게 따스한 보호막을 선물한다.

현대의 아이들은 정서적으로 따스함과 안정감을 느낄 수 있는 대상들을 점점 잃어만 간다. 옛날에는 집밖을 나오면 푸른 하늘과 강이 흐르고 가까운 곳에서 숲길을 걸을 수 있었지만, 점점 자연을 제대로 느끼기 위해서는 차를 타고 가야하는 상황에 이르렀다. 인간으로서 당연히 누리고 살아왔던 환경들이 이제는 소중하고 귀한 것으로 바뀌어가고 있다. 발도르프 인형과 놀잇감은 이처럼 숨가쁘게 변해가는 사회의 아이들에게 편안함과 그리고 이를 통하여 아이들이 내적인 힘을 얻을 수 있도록 도와준다.

4) 아이들에게 가장 소중한 가치를 선물한다.

발도르프 인형 및 놀잇감의 가장 큰 특징점이자 그 효과들을 극대화하는 것은 바로 직접 아이들에게 만들어준다는 것이다. 눈에 보이지 않는 세계를 존중하는 발도르프 교육철학에서 내 아이를 위해서 직접 만들어주는 인형과 놀잇감은 그 무엇과도 비교할 수 없는 의미를 지닌다. 비록 많은 기능과 한 번에 아이들의 눈을 사로잡는 매력은 적다 할지라도 그 과정 자체가 매우 소중하다고 하겠다.

아이의 관점에서 엄마와 아빠가 나를 위해 정성으로 만들어 준 작은 놀잇감의 기억은 오랜 시간이 지나도 잊을 수 없을 것이다.

3. 발도르프 인형 및 놀잇감의 2가지 접근방법

발도르프 교육은 일반 교육과는 달리, 정형화된 프로그램이 없고 스스로가 발도르프 교육적인 접근을 어떻게 인식하고 접근하는가에 달려있는가 하는 것이다. 이러한 발도르프 교육철학을 맥락으로 하고 있는 발도르프 인형 및 놀잇감에서도 어떻게 발도르프 교육을 인식하고 있느냐에 따라서 크게 두 가지의 접근방법으로 구분되어 질 수 있다.

외적인 형태를 중심으로 하는 발도르프 인형

과정과 발달을 중심으로 하는 발도르프 인형

1) 교육과 발달을 중심으로 하는 발도르프 인형 및 놀잇감

인형과 놀잇감을 만드는 가장 주된 목적이 아이의 발달을 도모하고 교육적인 효과를 높이는데 두는 것이다. 아이의 교육과 발달을 중심으로 하는 발도르프 인형과 놀잇감 만들기는 매력적인 외형도 중요하지만, 만들고 있는 인형과 놀잇감을 통하여 아이가 즐거워하면서 이를 통하여 얻는 교육적, 발달적 효과까지도 고려하는 것이다. 또한 발도르프 교육에서 중요시 여기는 교육 원리 뿐만 아니라, 놀이 할 때 아이와 상호작용하는 것이므로 인형과 놀잇감의 견고함도 아울러 중요하게 제작 시에 생각하여야 한다.

2) 인형자체를 중심으로 하는 발도르프 인형 및 놀잇감

교육보다는 인형 자체에 중점을 두는 관점인데, 발도르프 교육내용이나 발도르프 인형과 놀잇감의 의미보다는 아름답고 예쁜 발도르프 인형을 만드는 것이 주요한 목적이라고 할 수 있다. 대부분의 문화센터와 사설기관에서 경험할 수 있는데 발도르프 교육의 중점내용들이 어떻게 발도르프 인형과 놀잇감에 묻어져 있는지보다는 취미와 여가활용으로 발도르프 인형을 제작한다고 볼 수 있다. 인형자체를 중심으로 하는 발도르프 인형 및 놀잇감은 대부분 비슷한 형태와 느낌의 인형이 많으며 초보자들도 쉽게 접근할 수 있다고 하겠다.

4. 발도르프 인형 및 놀잇감의 특징

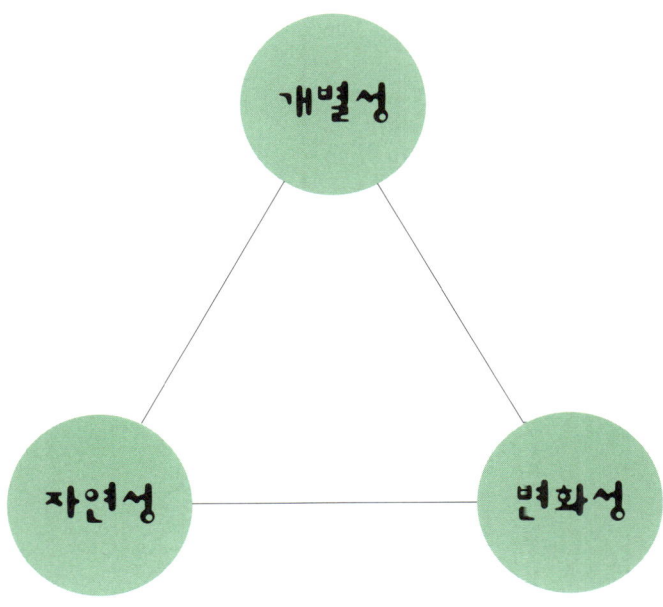

1) 개별성: 발도르프 놀잇감은 저마다의 특성이 살아있다.

발도르프 놀잇감은 직접 자신의 정성을 쏟아 나름대로의 개성이 묻어있는 놀잇감을 만든다. 여기서의 '개별성'이란 기성 제품과 같이 대량으로 만들어지는 것이 아니라 하나 하나 직접 손으로 만들고 놀잇감을 만드는 사람의 색깔이 투여되어지는 것을 말한다. 예를 들어, 흔히 상점에서 판매하는 아이들의 놀잇감들은 같은 틀을 사용하여 공장에서 다량으로 여러 개를 생산한다. 이러한 놀잇감들은 하나하나의 놀잇감에 만드는 사람의 정성과 사랑의 에너지가 깃들여져 있다고는 보기 힘들다고 하겠다.

2) 자연성: 발도르프 놀잇감은 자연의 재료로 만들어진다.

발도르프 교육의 창시자 슈타이너는 인간의 삶은 자연의 삶과 분리되어 질 수 없는 것이라고 하였다. 즉 인간은 자연 속에서 자연과 함께 더불어 살아가는 존재이기 때문에 자연의 흐름에 순응하고 조화를 이루며 살아가는 것이 인간의 본성에 적합한 교육이라고 보았다(Kiersch, 1997).

발도르프 놀잇감 또한 발도르프 교육의 철학을 바탕으로 자연에서 온 재료들을 손질하여 놀잇감으로 완성된다. 놀잇감을 만들기 위하여 자연을 파괴하고 정복하는 것이 아니라, 자연과 더불어 공존하며 각자의 질서에 충실하다. 숲속 산책에서 땅에 떨어진 나뭇가지나 마른 나무토막들을 주어다 사포로 문질러 아이에게 필요한 놀잇감들로 재탄생시키는 것이다. 길가에서 주운 꽃잎이나 음식에 사용한 후 남은 양파껍질을 삶아 고운 색깔로 물들인 천에 인형 옷을 만들고 수를 놓는다. 이처럼 발도르프 놀잇감은 신께서 주신 자연이 남겨준 것에 인간의 의지와 노력을 담아 만든 후, 다시 아이들의 생명력을 성장시키는 매체로 사용되어진다.

Johannes Kiersch(1997). Die Waldorfpaedagogik. Eine Einfuehrung in Paedagogik Rudolf Steiners. Freies Geistleben.

3) 변화성 : 발도르프 놀잇감은 변화되어진다.

발도르프 교육에서는 상상력이 아이들의 삶에 매우 중요한 역할을 한다고 보고, 교육환경에서 아이들이 마음껏 꿈꾸고 상상할 수 있도록 하고 있다. 예를 들어, 동그란 작은 나무토막 하나가 가게 놀이에서는 동전으로 사용되었다가 식당놀이를 할 때는 만두도 될 수 있고, 빵도 될 수 있고, 바다를 주제로 하는 놀이에서는 작은 배로 사용될 수 있는 것이다.

발도르프 놀잇감에 있어서 '변화'라는 것은 아이들의 놀이에 따라서 어떤 것이든지 바뀌어 질 수 있음을 의미하는 것이다. 특정한 형태와 기능이 없기에 발도르프 놀잇감은 아이들이 무엇을 상상하던지 그 놀이에 변화하여 사용될 수 있는 것이다. 이는 발도르프 교육이 늘 변화하고 성장하는 교육을 추구하는 지향성과도 일치된다고 할 수 있겠다.

5. 발도르프 펠트&솜 놀잇감의 특징

발도르프 놀잇감 제작시 사용되는 펠트와 솜은 천연 양모로 만들어진 것이 쓰

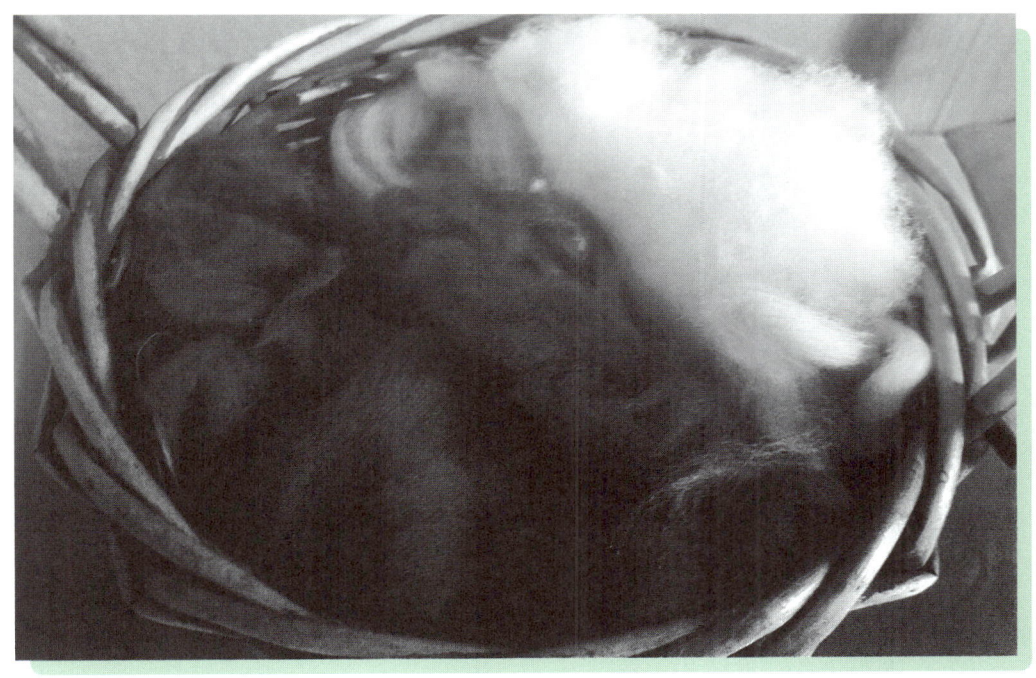

인다. 발도르프 교육에서 천연 양모는 인형 뿐만 아니라 다양한 용도로 발도르프 교육현장에서 찾아볼 수 있다.

천연 양모솜은 다음과 같은 이유들 때문에 발도르프 교육에서 수공예 활동이나 놀잇감을 만들때 많이 사용되어진다.

1) 천연 양모솜의 재료적인 특징

(1) 천연 양모솜은 발도르프 교육에서 추구하는 '평화'의 개념을 반영한다.

양모솜은 양의 털을 여러 과정으로 정제한 것인데 '양'이라는 동물의 특성을 살펴보면 성격이 온순하고 무리를 지어 집단생활을 하는 것으로 알려져 있다. 다른 동물들을 잘 공격하지 않고 평화스러운 성격을 가진 특성을 가지고 있다. 이러한 주원료의 특성답게 아이들과 함께 하는 인형에서 온화하고 화평한 에너지를 얻을 수 있을 것이다.

(2) 천연 양모솜은 발도르프 교육에서 추구하는 '개별성'을 반영한다.

양모솜으로 만든 인형들을 보면, 동일한 과정과 방법으로 만들었지만 제각기 다른 인형의 느낌을 볼 수 있다. 물론 국내에서 '발도르프 인형'이라고 소개되어지는 대부분의 발도르프 인형들이 공장에서 찍어내듯이 그 느낌과 모습들이 같은 것은 유감스러운 일이지만, 진정한 발도르프 교육에서의 발도르프 인형의 의미라고 한다면 인형 각각의 느낌과 색깔을 지니고 있다고 할 수 있다. 특히 양모솜의 재질은 손끝의 움직임들이 섬세하게 작용하므로 펠트천이나 털실로 만든 인형보다 개별성이 더욱 뚜렷히 나타난다고 볼 수 있다. 고유성을 소중히 여기는 발도르프 교육에서의 철학처럼 양모솜으로 만들어진 놀잇감과 인형은 만드는 사람 각각의 특성과 느낌을 엿볼 수 있다.

(3) 천연 양모솜은 발도르프 교육에서 추구하는 '변화와 성장'을 반영한다.
발도르프 교육에서는 정체되지 않고 늘 스스로에 대한 통찰을 통하여 '변화와 성장'을 교육적인 내용 속에 담아내고 있다. 고정화되지 않고 내적인 움직임 속에 늘 새로운 자신을 마주하는 것, 즉 끊임없는 내적인 움직임을 교육 속에 포함하고 있다고 할 수 있다. 그림으로 비유하자면, 선명한 색깔과 형태의 그림이 아닌, 연한 연필 스케치로 조금씩 조금씩 고쳐가며 형태를 잡아가면서 하나의 그림을 완성시키는 모습이라고 할까? 발도르프 인형과 놀잇감의 주재료인 천연 양모솜도 변화와 움직임의 속성을 가지고 있다. 섬세한 손끝 움직임으로 인형의 형태들을 변화시킬 수 있다. 마치 그림에 덧칠을 하듯이 작은 손의 움직임으로 양모인형과 놀잇감의 색과 형태는 조금씩 변화하게 된다.

이러한 발도르프 교육의 방향성과 일치하는 천연 양모솜을 재료로 만들어지는 발도르프 펠트&솜 놀잇감은 각각 다음의 특징을 지니고 있다.

2) 발도르프 양모솜 놀잇감의 특징

(1) 포근함을 자아내는 외형적인 형태는 아이들에게 다스함을 느끼게 한다.
양모솜의 부드러운 느낌은 인형과 놀잇감이 완성되었을 때에도 그대로 시각적으로 아이들에게 전달되게 된다. 양모솜 발도르프 인형을 대할 때 아이들이 '너무 멋지다'라는 감탄 섞인 찬사는 없을지 모르지만 아이들이 있는 공간 한 구석에 장식되어 있는 것을 보는 것만으로도 일반적인 형태의 인형과 놀잇감에서 느낄 수 없는 시각적인 따스함과 느낌을 받을 수 있다.

(2) 부드러운 양모의 질감은 아이들로 하여금 심리적으로 안정적인 촉각을 발달시킨다.

어떠한 특정한 목적 없이 천연 양모의 질감을 경험하는 것만으로도 마음의 평온함을 느낄 수 있다. 솜을 쓸어내리기도 하고 손끝으로 비비기도 하면서 다양한 촉감을 경험할 수 있다. 특히 아이들에게서 양모의 촉감은 플라스틱으로 만들어진 놀잇감과는 전혀 다른 부드럽고 안정적인 느낌을 발달시킬 수 있다.

(3) 섬세한 형태와 움직임으로 제작할 수 있다.

양모 자체가 주는 섬세한 재료의 특징으로 양모솜으로 만든 인형과 놀잇감은 색상적인 부분이나 형태적인 부분에서 어떠한 재료보다도 미세한 것까지 표현 가능 할 수 있는 특징을 지니고 있다. 이는 양모솜 자체가 갖고 있는 특성을 반영한 것으로 작은 부분에서 큰 부분 모두를 표현할 수 있는 장점이라고 할 수 있겠다. 즉 아이들의 상상의 영역을 효과적으로 나타낼 수 있도록 한다. 한편, 이러한 섬세한 특징점들을 지니고 있기에 양모솜으로 만든 놀잇감일 경우에는 지속적인 관리가 필요하다고 할 수 있겠다.

3) 발도르프 펠트 놀잇감의 특징

(1) 다른 발도르프 인형에 비하여 만들기가 용이하다.
새로운 기구나 새로운 제작방법을 배우지 않고 인형이나 놀잇감을 만들 수 있다는 점에서 발도르프 펠트 놀잇감은 다른 발도르프 놀잇감보다는 제작이 어렵지 않다고 볼 수 있다.

(2) 인형과 놀잇감의 특성과 성격을 색깔과 형태로 나타낼 수 있다.
발도르프 인형은 구체적인 형태를 나타내지 않기에 펠트 천의 색깔로 인형의 연령, 성격, 직업 등을 표현할 수 있다. 예를 들어, 빨강색은 왕과 같이 열정과 에너지를 발산하는 인물의 특성을 나타낼 수 있고 노랑색은 지혜로운 사람들처럼 현명함, 꾀 등과 같이 머리를 활발하게 사용하는 인물의 특성 등을 나타낼 수 있다.
펠트로 만드는 발도르프 인형과 놀잇감은 색깔을 정할 때 대상물의 특성과 느낌 등을 잘 고려하여 제작하도록 한다.

(3) 견고하며 관리가 쉽다.

천연 펠트는 양모솜을 응집하여 제작된 것이기에 견고성과 튼튼함에 있어서는 다른 재료보다 매우 뛰어나다고 할 수 있다. 이러한 특징은 아이들이 가지고 놀이를 하는 과정에서 펠트만의 장점이 드러난다고 할 수 있다. 또한 펠트 인형과 놀잇감은 펠트 천으로 표면을 만들고 솜을 채워 넣기에 펠트로 만들어진 인형과 놀잇감은 부드러운 촉감을 지니고 있으면서도 견고함이 큰 장점이라고 할 수 있겠다.

6. 재료와 도구

1) 양모솜

보통 울(wool)이라고 하고 화학약품을 사용하지 않고 천연적으로 사용된다는 의미에서 발도르프 인형만들기에서는 '양모솜'이라고 한다. 뉴질랜드, 오스트레일리아 등지에서 가장 많이 생산되고 국내에서는 양모솜은 거의 수입에 의존하는 것으로 알고 있다. 발도르프 인형과 놀잇감은 아이들이 직접 피부에 접촉하고 있기에 재료로 사용하는 거의 모든 재료들은 천연 재료로 사용되어져

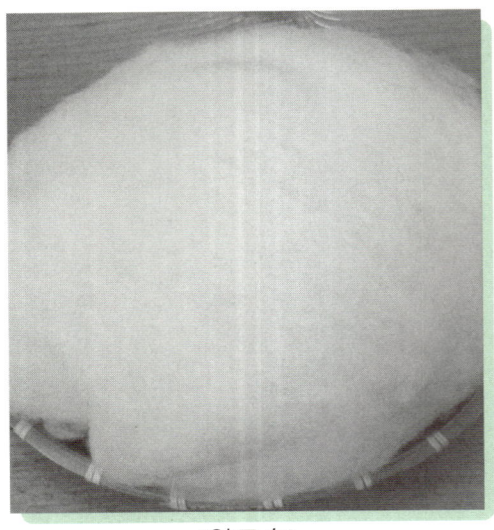

〈양모솜〉

〈다양한 색깔의 펠트 천〉

야 하고, 양모솜에서도 먼지가 있기에 인형과 놀잇감을 제작할 때는 미리 털어내고 사용하면 훨씬 효과적이다.

2) 펠트

양모솜을 열이나 압력으로 응집하여 제작되는 것으로 국내에서는 양모펠트라 불린다. 화학제품을 사용하여 만드는 부직포와는 많은 차이가 있고, 펠트작업을 많이 하는 분이라면 양모솜을 직접 본인이 원하는 색상의 펠트를 제작한다. 펠트로 만든 인형과 놀잇감은 사후관리가 용이하고 아이들이 가지고 놀이할 때도 견고하기에 실용적이라고 할 수 있다. 펠트 또한 색깔이나 질감에 있어서 여러 종류가 있으므로 자신이 표현하고자 하는 대상에 맞게 선택 하여야 한다.

3) 양모솜 바늘

양모솜을 사용하여 인형과 놀잇감을 만들 때 유용하게 사용되며 끝부분이 울퉁불퉁하게 되어있어 양모솜을 솜바늘로 찌를 때마다 더욱 응집되게 하는 역할을 한다. 찌르면 찌를수록 더욱 더 단단하게 되어 견고함을 더하여 준다. 실용성을 위하여 2개, 4개 바늘이 달린 것도 있어 빠르게 작품을 완성할 수 있지만, 발도르프 교육현장에서는 모델링을 중요시하기에 교육적인 환경에서는 1개 바늘을 사용하여 만드는 것을 권한다. 끝이 뾰족하기에 솜바늘로 제작할 때는 꼭 스폰지 받침대를 함께 사용하는 것이 좋다.

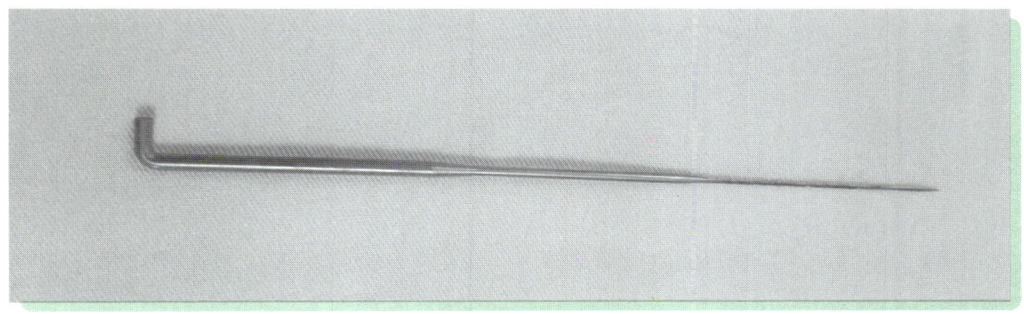

〈양모솜 바늘〉

발도르프
인형&놀잇감 만들기
실제

양모솜 달팽이 만들기

재료 준비 하얀 색 양모솜

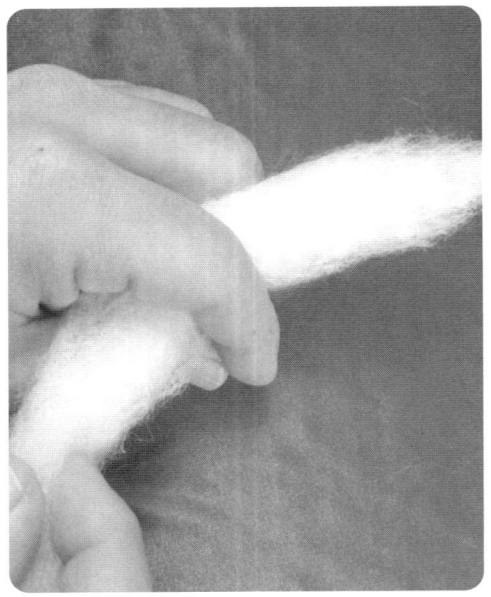

1. 양모솜을 20cm 정도 길이로 준비한다.

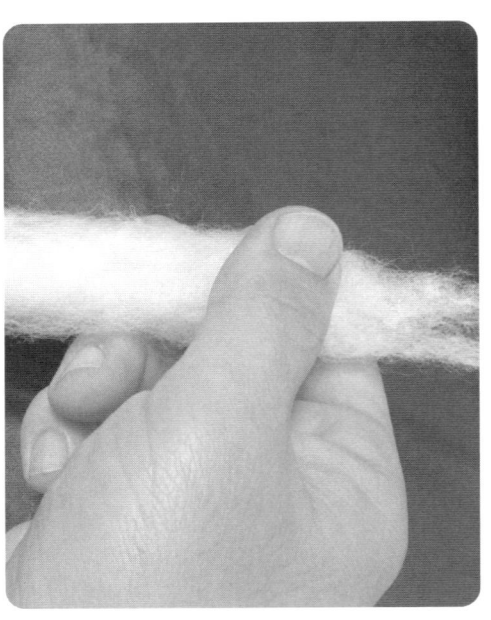

2. 양모솜을 손으로 훑어서 정리해 준다.

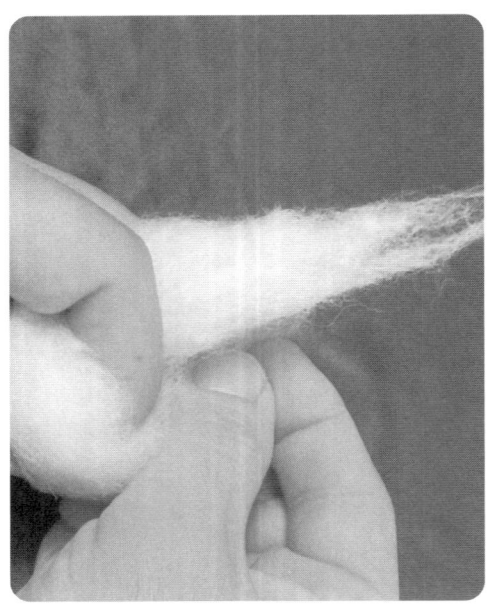

3. 양모솜을 매듭 짓듯이 감아준다.

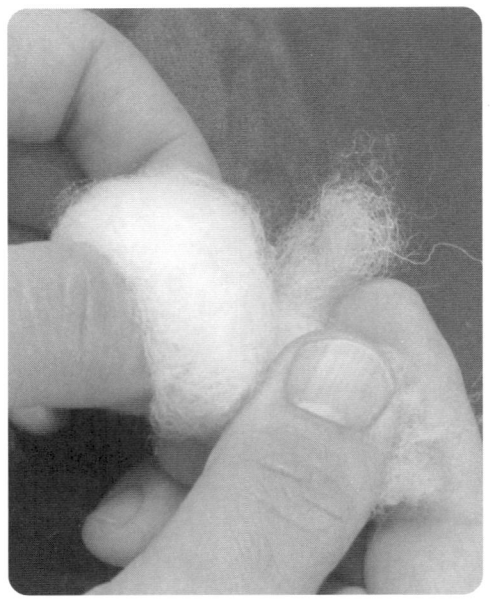

4. 양모솜을 매듭 짓듯 감아주면서 고리를 만들어 준다.

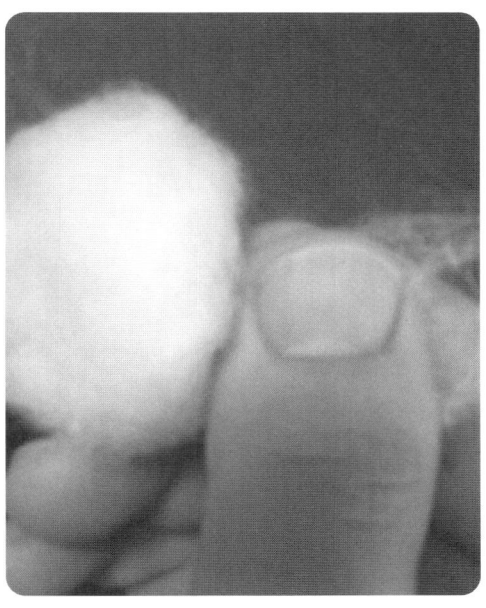

5. 매듭을 짓듯 고리를 만들고, 고리로 양모솜을 넣는다.

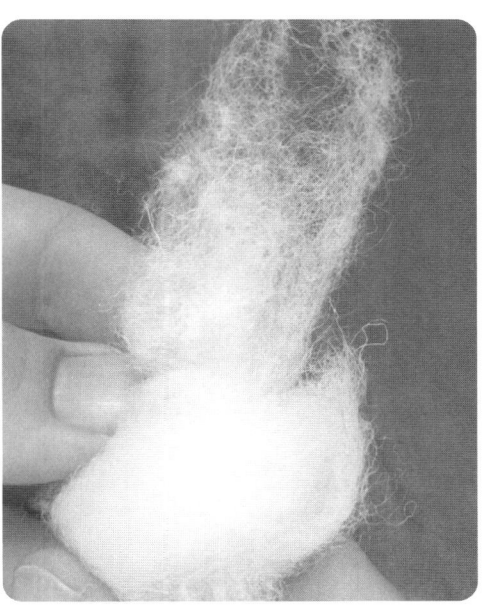

6. 양모솜을 고리로 넣어준 후 살며시 잡아당긴다.

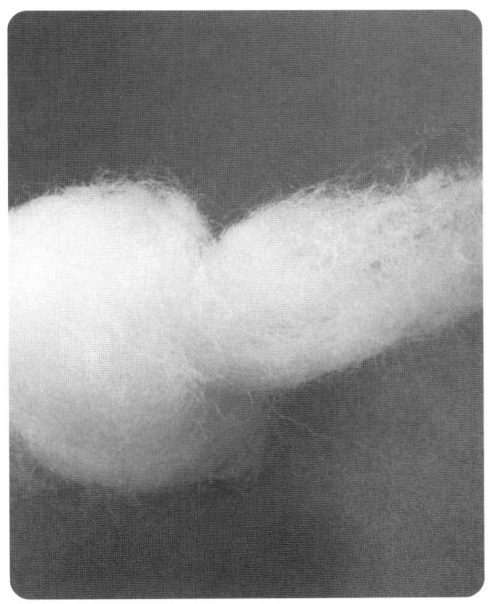

7. 양모솜을 살며시 잡아당겨 매듭을 만들어 준다.

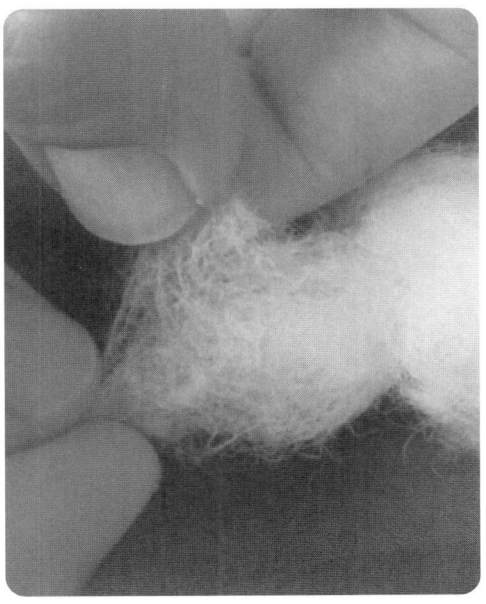

8. 더듬이를 간들어 주기 위해 양모솜을 2등분한다.

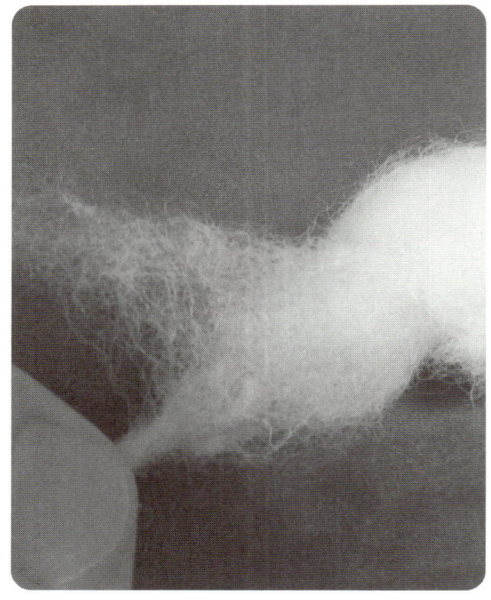

9. 2등분한 양모솜 끝을 손가락을 이용해 비벼준다.

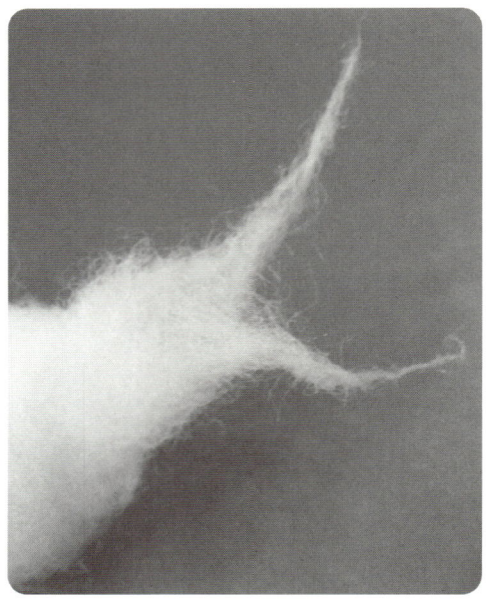

10. 완성된 더듬이 모습

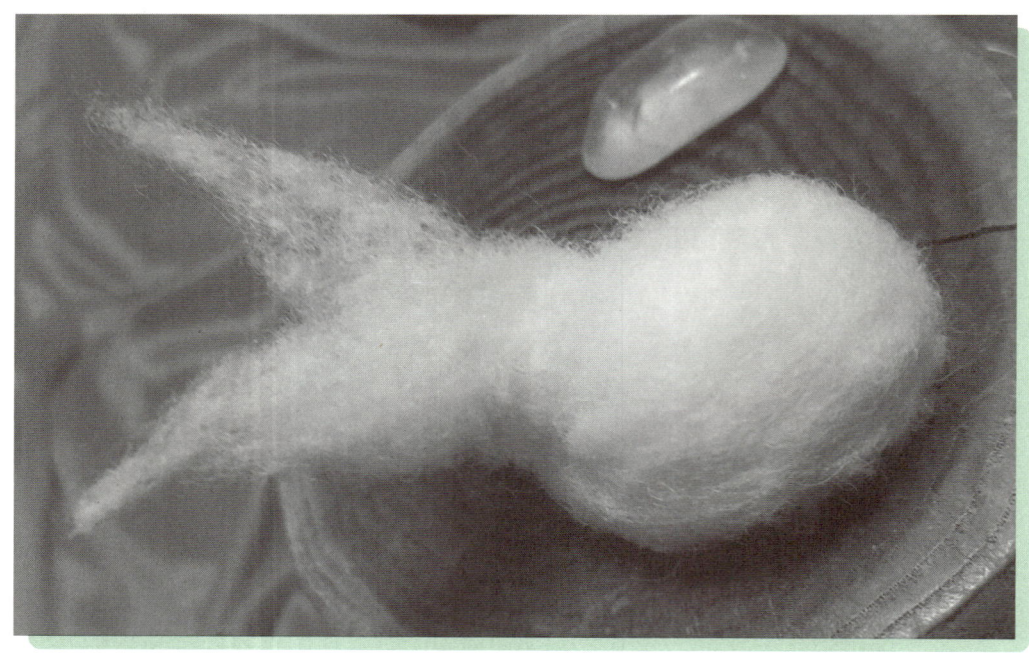

11. 완성된 양모솜 달팽이 모습.

이렇게 활용하세요!

인형을 만드는 방법만 안다면 가장 빨리 완성되는 인형이다. 본 책에는 양모솜을 활용하여 간단히 매듭인형을 소개하였지만 손수건, 타올 등 생활소품으로 충분히 매듭인형을 만들어 줄 수 있다. 동화책 읽기 전에, 아이와 이야기 할 때, 아이들이 잘못된 행동을 수정할 때도 빨리 만들 수 있는 매듭인형을 활용한다면 교육적인 효과가 뛰어나다고 하겠다.

양모솜 공 만들기

재료 준비

양모솜 바늘
하얀 색 양모솜
여러가지 색깔 양모솜

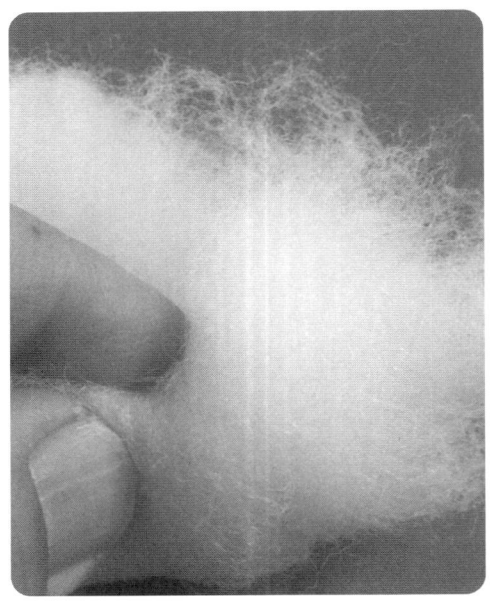

1. 양모솜을 둥글게 뭉친다.

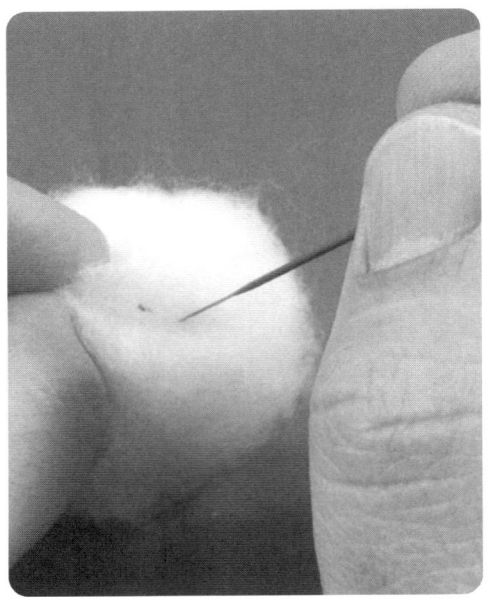

2. 양모솜 바늘을 이용해서 양모솜의 둥근 모양을 유지하며 찔러준다.

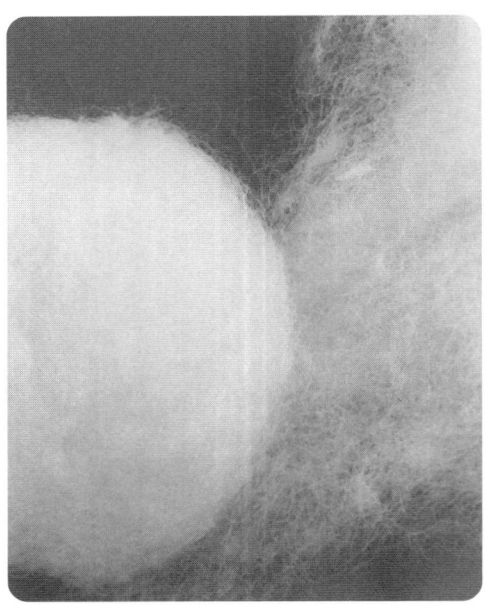

3. 여분의 양모솜을 더 입혀준다.

4. 전체적으로 둥근 모양을 잡아가면서 양모솜 바늘로 찔러준다.

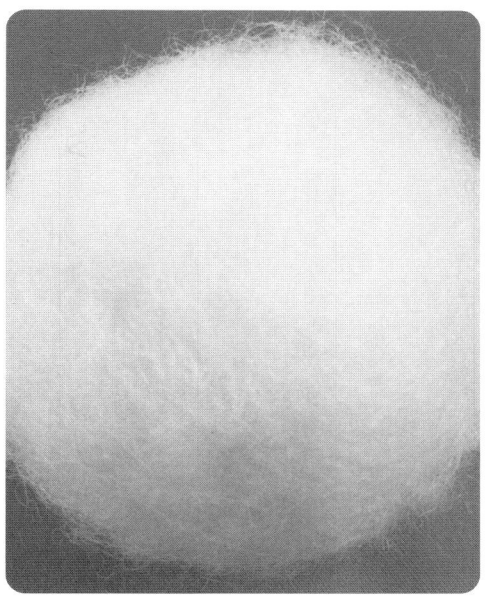

5. 하얀 양모솜으로 둥근 공모양을 만든다.

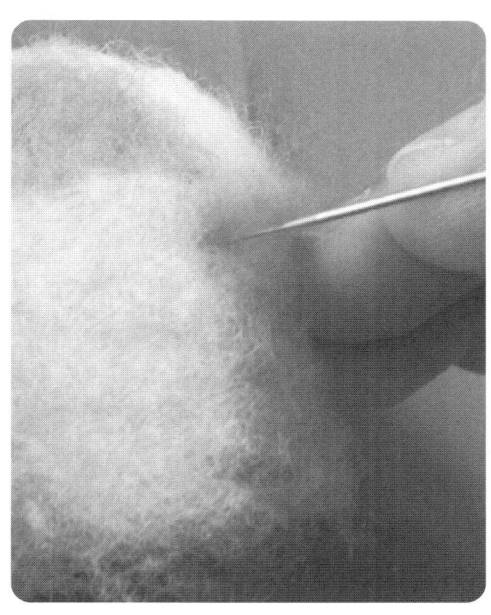

6. 하얀 양모솜에 여러가지 색깔 양모솜을 덧입힌다.

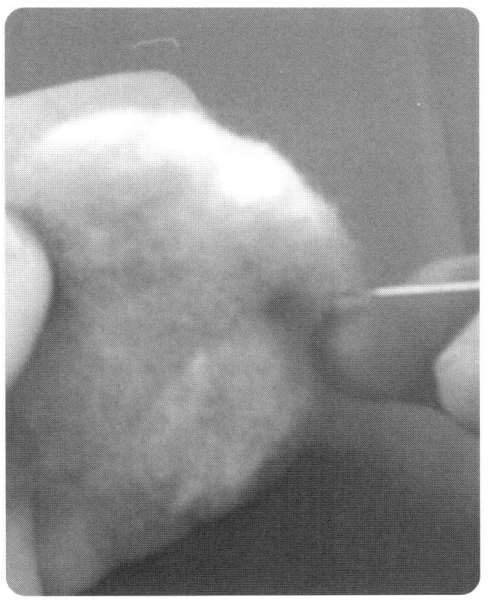

7. 양모 솜바늘을 이용해서 전체적으로 둥근 모양을 유지하며 찔러준다.

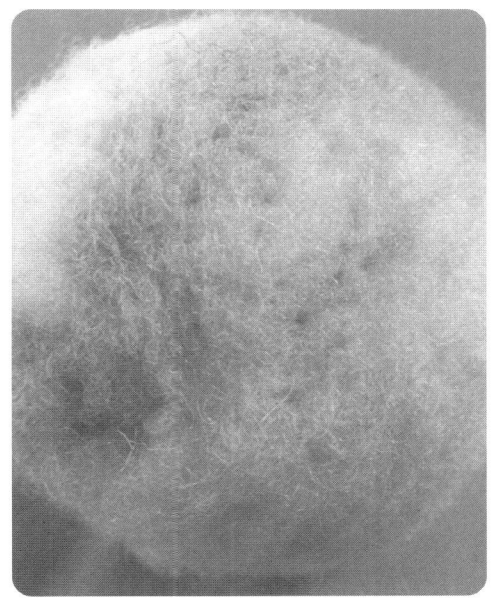

8. 여러가지 색깔의 양모솜을 조화롭게 입혀 완성한다.

이렇게 활용하세요!

다양한 놀이에 사용될 수 있는 놀잇감이다. 다양하고 크기가 다른 공을 만들어서 아이들의 역할놀이나 소꿉놀이에서 활용하게 할 수도 있고, 아주 큰 공을 만들어서 부모님과 함께 아이들과 공을 던지고 받고, 굴리고 하는 놀이를 해도 아이들은 참 신나한다. 또는 공을 처음 만들기 시작할 때 방울을 넣으면 소리가 나서 더욱 생동감 있게 놀이를 즐길 수 있다.

inamu-wald&spiel

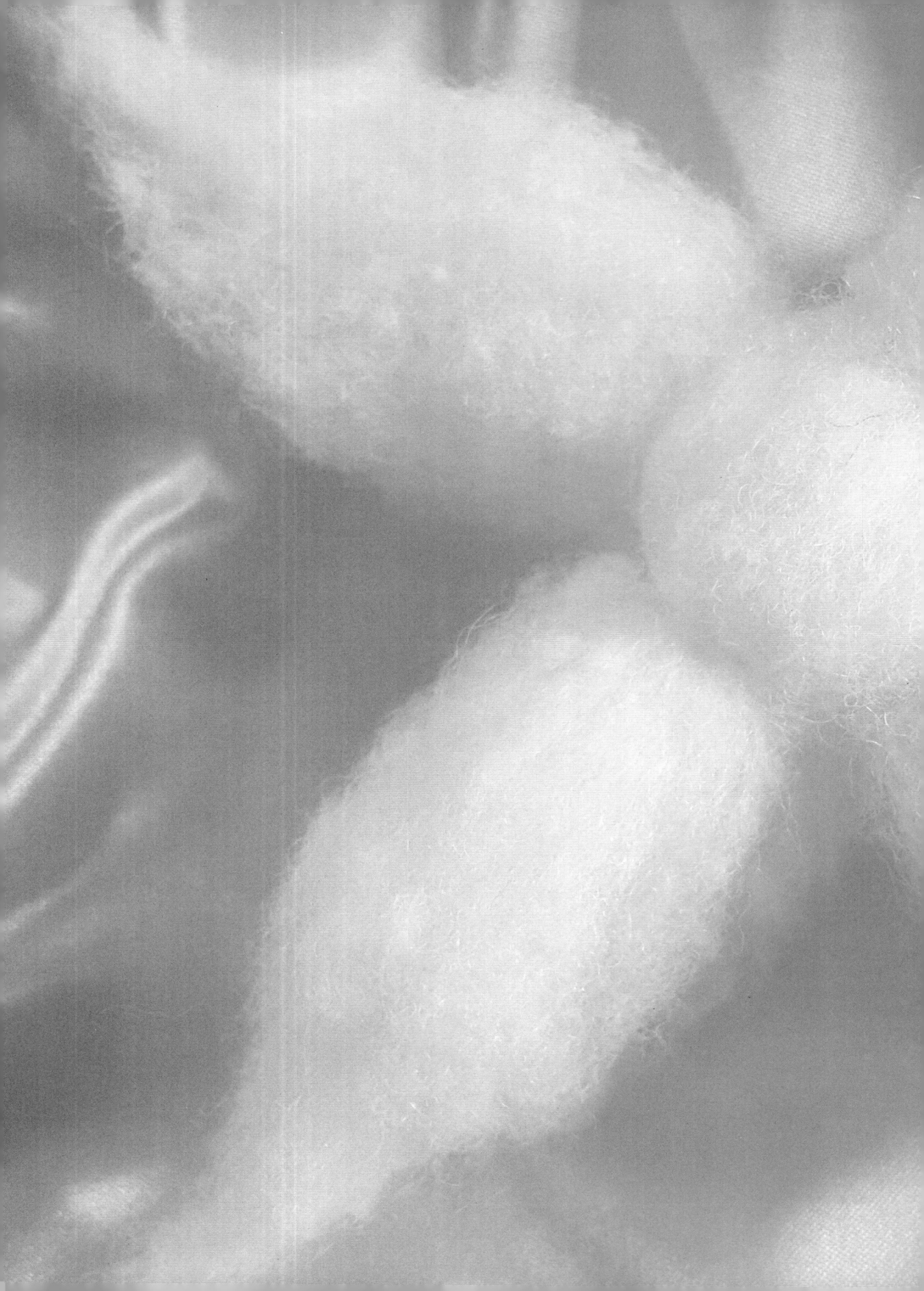

양모솜 새 만들기

재료 준비

양모솜 바늘
하얀 색 양모솜
빨간 색 양모솜
흰색 실
가위

HEAD
양모솜 새 머리 만들기

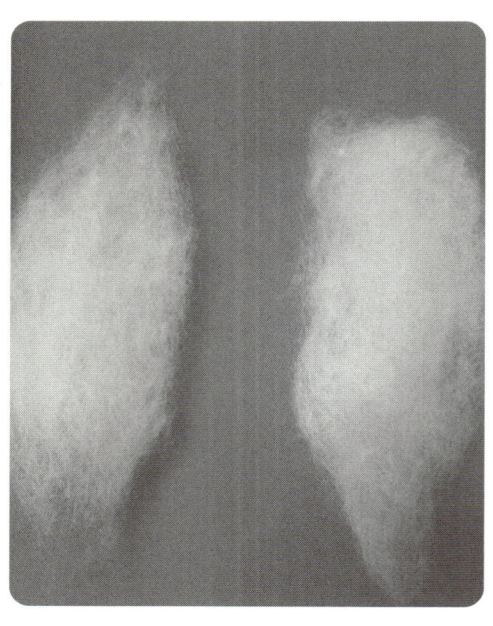

1. 양모솜을 10cm 길이로 두 개 뜯어 놓는다.

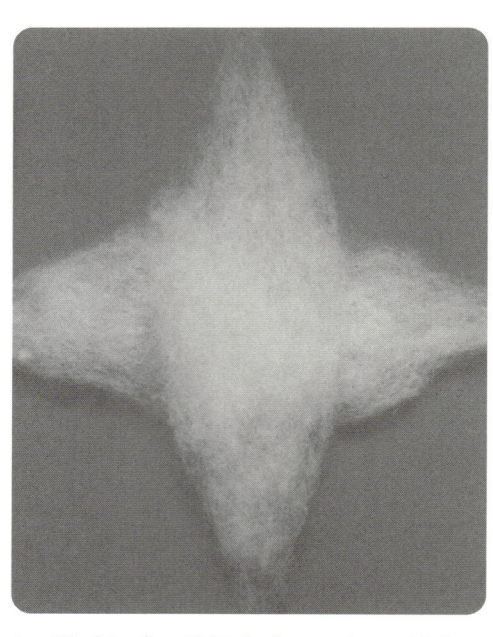

2. 뜯어놓은 양모솜을 +자 모양으로 교차해서 놓는다.

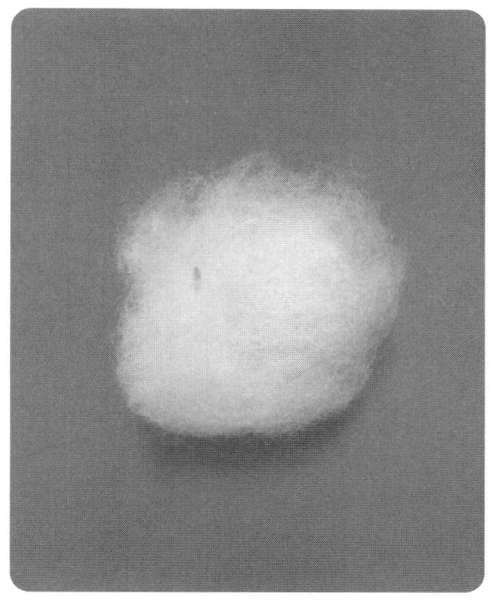

3. 새의 머리를 만들기 위해 양모솜을 둥글게 뭉친다.

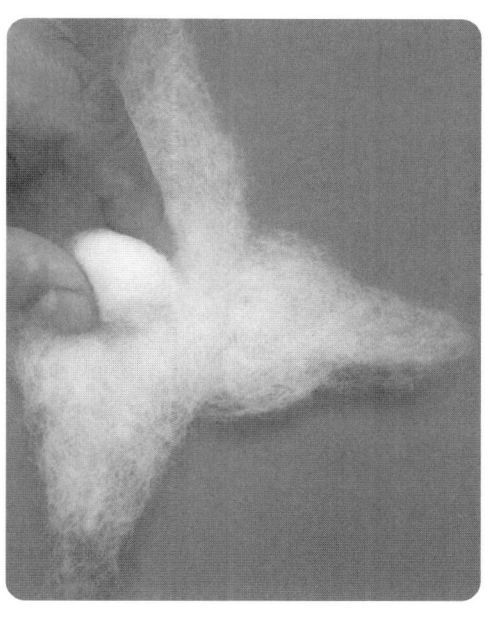

4. 둥글게 뭉친 양모솜을 +로 놓아둔 양모솜의 가운데에 놓는다.

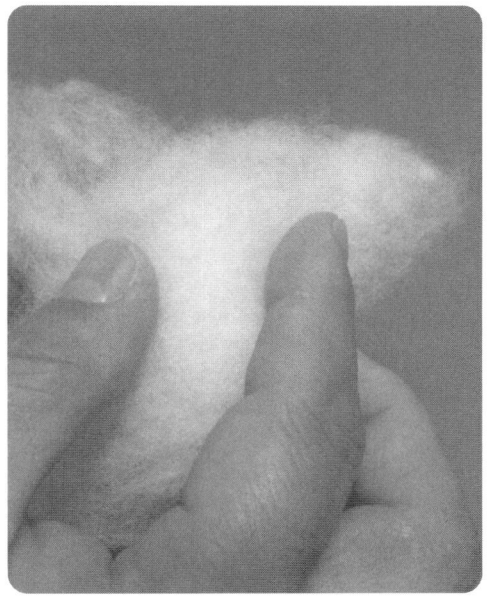

5. +자로 놓아둔 양모솜으로 둥글게 뭉친 양모솜을 감싼다.

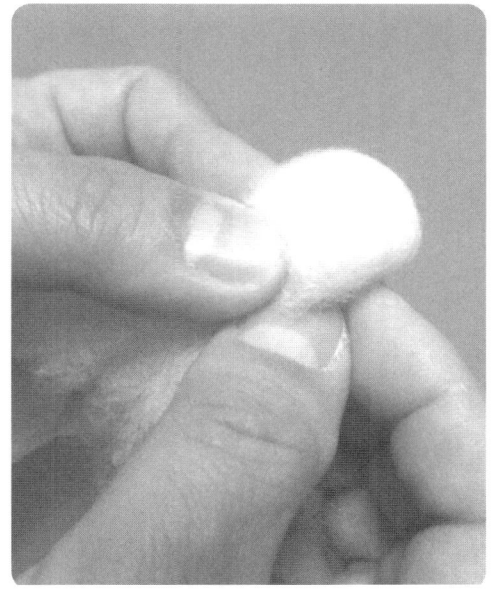

6. 둥글게 뭉친 양모솜을 잘 감싼 후, 묶어서 새의 머리를 만든다.

WING
양모솜 새 날개 만들기

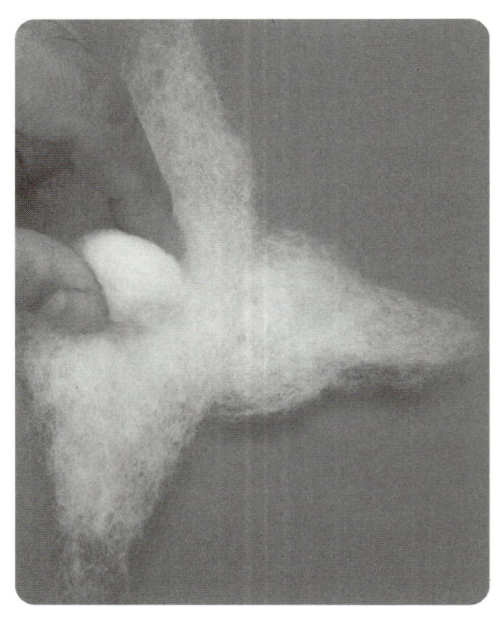 

1. 몸통이 되는 부분을 두 갈래로 잘 벌려준다.

2. 날개를 만들기 위해 양모솜을 15cm 길이로 뜯어놓는다.

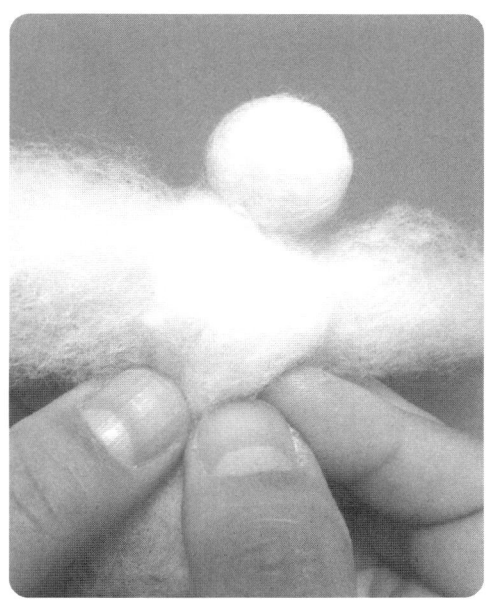 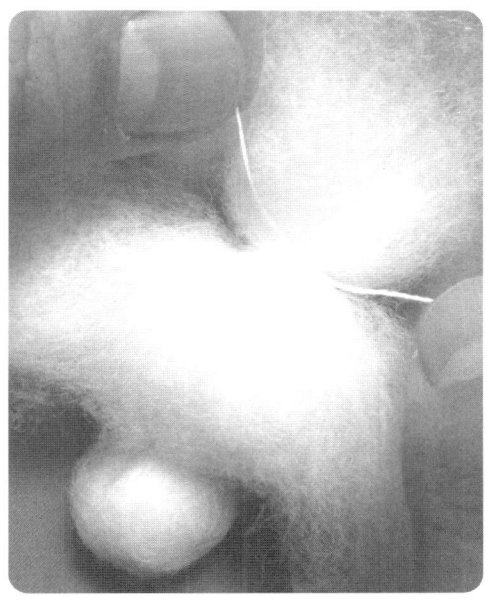

3. 벌려놓은 몸통 부분에 날개가 될 양 모솜을 잘 끼워 넣는다.

4. 날개가 몸통에서 빠지지 않도록 끝 부분을 하얀 실로 묶어준다.

5. 날개 끝 부분과 꼬리 끝 부분을 깨끗하게 잘 정리해 준다.

BEAK
양모솜 새 부리 만들기

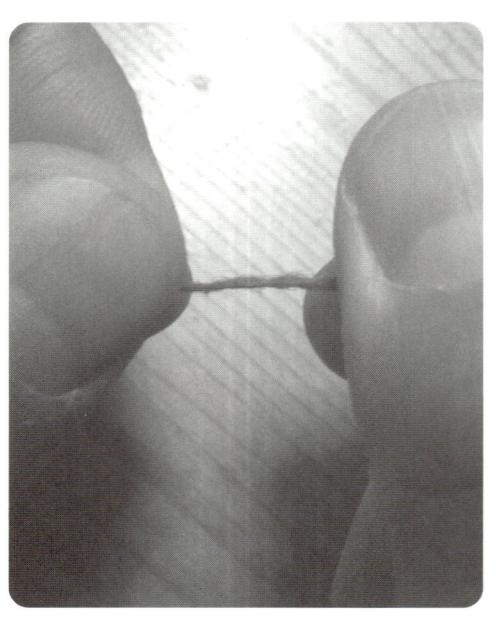

1. 새의 부리를 만들기 위해 빨간색 양모솜을 조금 뜯어 잘 말아준다.

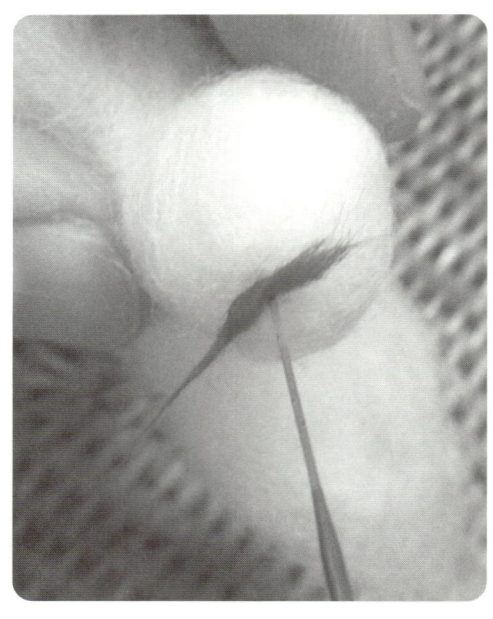

2. 말아놓은 빨간색 양모솜을 부리 위치에 놓고 고정시킨다.

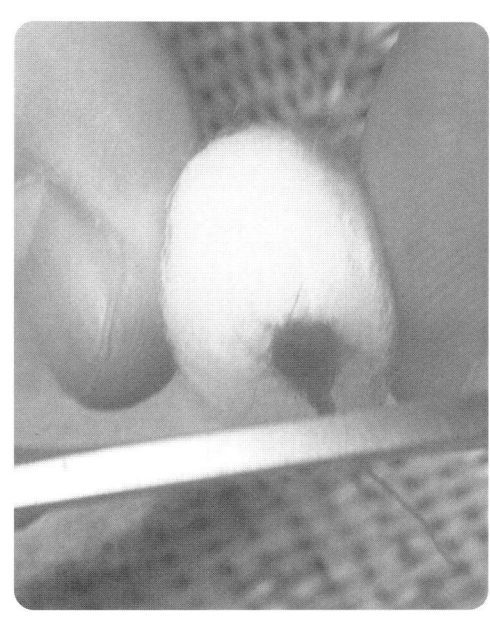

3. 부리를 고정시킨 후, 적당한 크기로 잘라 마무리 한다.

4. 부리를 완성한 모습

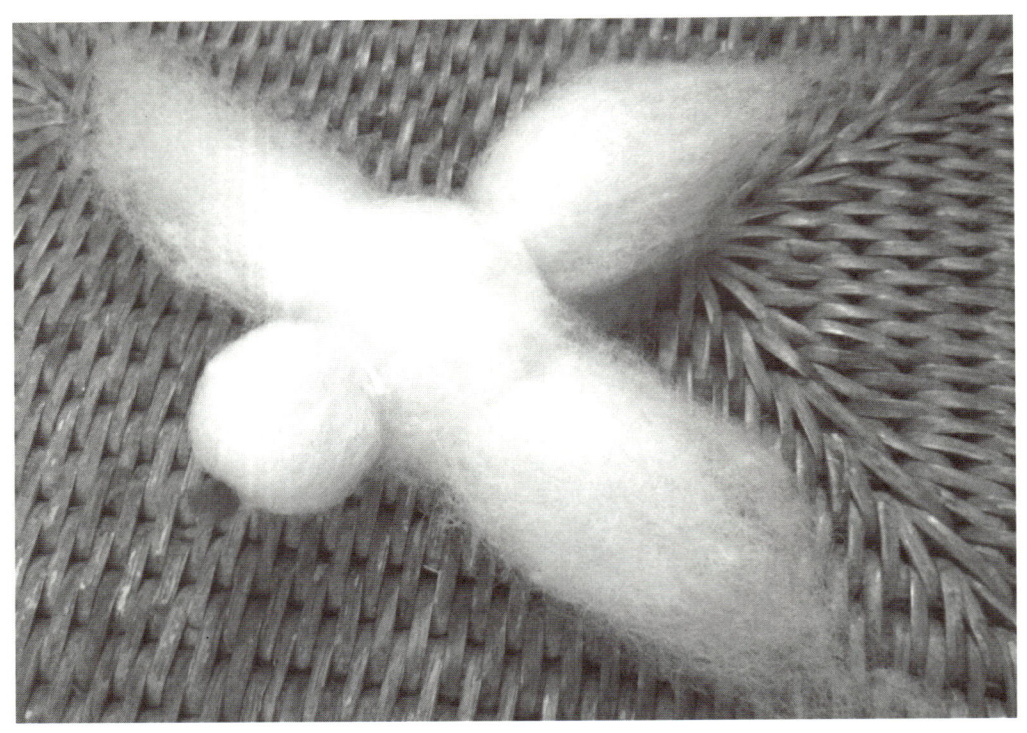

이렇게 활용하세요!

양모솜이 주는 따스함과 가벼움이 있기 때문에 양모솜으로 만든 새는 주로 모빌로 활용된다. 아이 침대 위에 여러 마리 새를 만들어 걸어주어도 좋고, 주의집중을 할 때 효율적인 매체로도 활용된다. 만드는 방법이 쉽기 때문에 아이들이 직접 부모님이나 교사와 함께 만들어서 성취감을 맛보게 하는 것도 좋겠다.

양모솜 꽃 만들기

재료 준비

양모솜 바늘, 하얀 색 양모솜
빨간 색 양모솜, 분홍 색 양모솜
꽃 철사, 종이 테이프

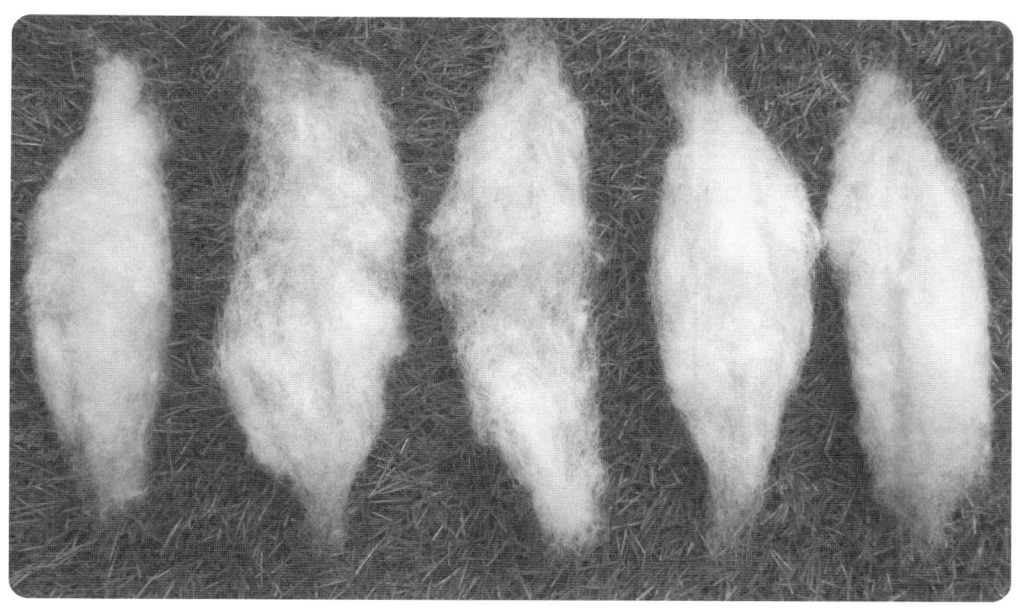

1. 하얀 색 양모솜을 20cm 길이로 길죽하게 5개를 뜯어 놓는다.

2. 5개 중의 하나를 반으로 접는다.

3. 나머지 4개도 반으로 접어 2에서 반으로 접은 양모솜의 주위에 놓는다.

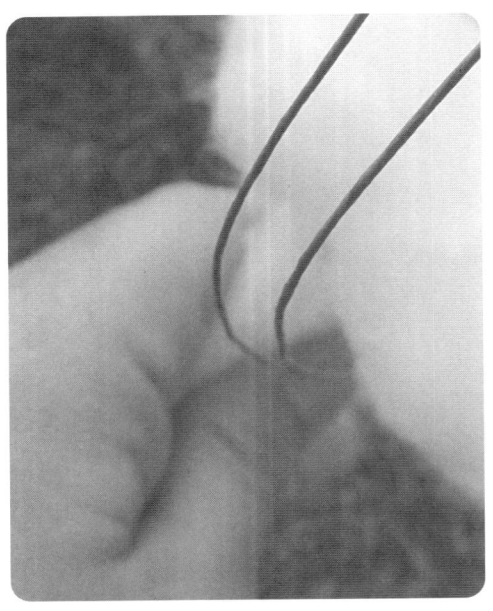
4. 뭉친 양모솜의 아래 부분을 꽃철사를 이용하여 단단하게 감는다.

5. 꽃철사로 감은 꽃의 아래 부분을 종이 테이프로 끝까지 감싸준다.

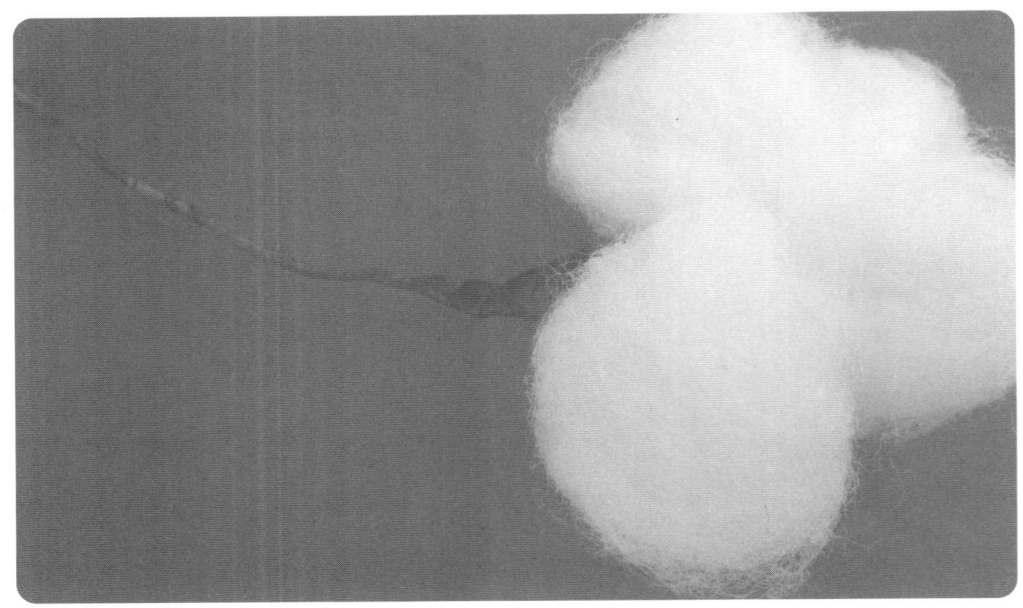
6. 종이 테이프를 끝까지 감아 꽃의 줄기 부분을 만들어 준다.

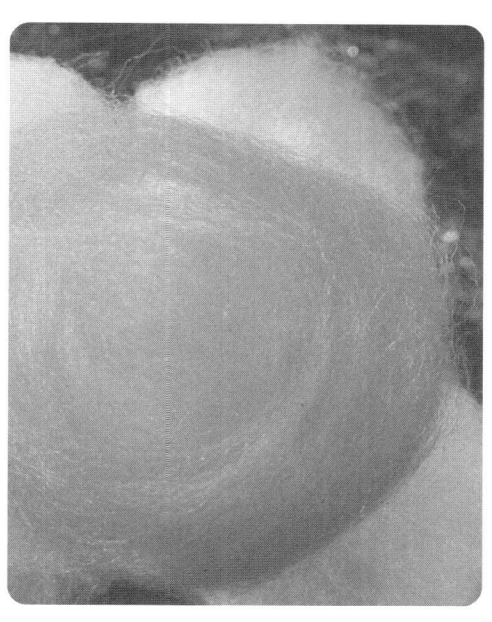

7. 양모솜 바늘을 이용하여 꽃잎 부분과 꽃의 중앙 부분의 모양을 잡아준다.

8. 꽃의 중앙 부분을 빨간 색 양모솜으로 감싸고 고정시킨다.

9. 꽃잎 부분을 분홍 색 양모솜으로 감싸고 양모솜 바늘로 고정시킨다.

10. 양모솜 꽃의 완성된 모습

이렇게 활용하세요!

아이의 특별한 날에 또는 아이가 머무는 환경을 장식해 주고 싶을 때 만들어 줄 수 있는 양모솜 꽃이다. 계절을 반영하여 색깔을 정할 수도 있고 아름답게 장식할 수 있는 도구가 된다. 발도르프 교육에서는 인형과 놀잇감의 색깔을 정할 때는 자연스러운 색깔에 기초하므로 아이들을 위한 꽃을 만들 때는 너무 변조된 색깔과 형태는 지양하도록 하는 것이 좋겠다.

양모 솜 테이블인형 만들기

재료 준비

하얀 색 양모솜
갈색 양모솜
두가지 색깔의 양모솜
(몸통용과 망토용)
양모솜 바늘

HEAD
양모솜 테이블인형 머리 만들기

1. 양모솜을 20cm 길이로 잘라 놓는다.

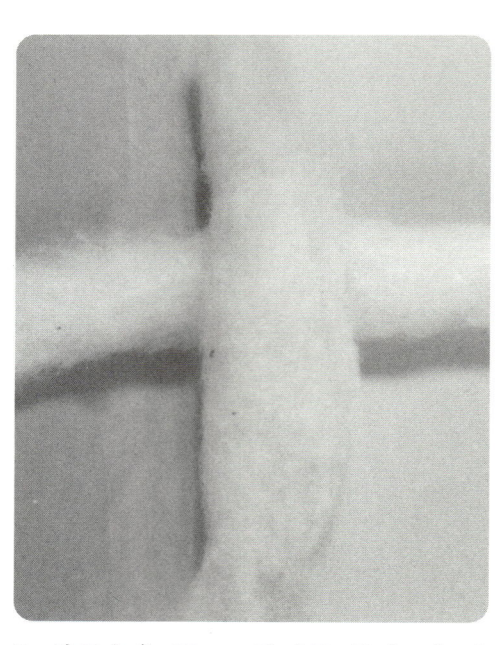

2. 양모솜을 20cm 길이로 하나 더 잘라 +자 모양으로 놓는다.

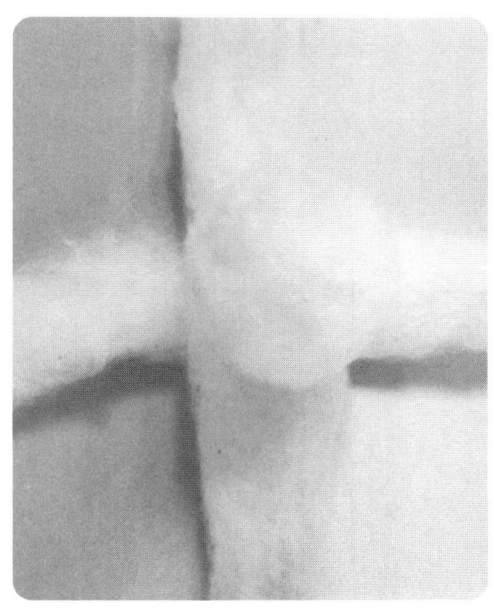

3. 양모솜을 지름 약5cm 정도로 뭉쳐서 양모솜 가운데에 놓는다.

4. +자 모양으로 놓아둔 양모솜으로 둥글게 말아놓은 양모솜을 감싼다.

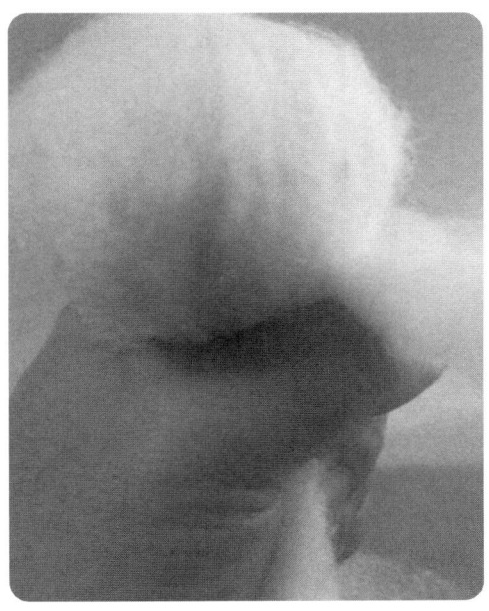

5. 감싼 양모솜의 아래 부분을 길쭉하게 뜯은 양모솜으로 묶어준다.

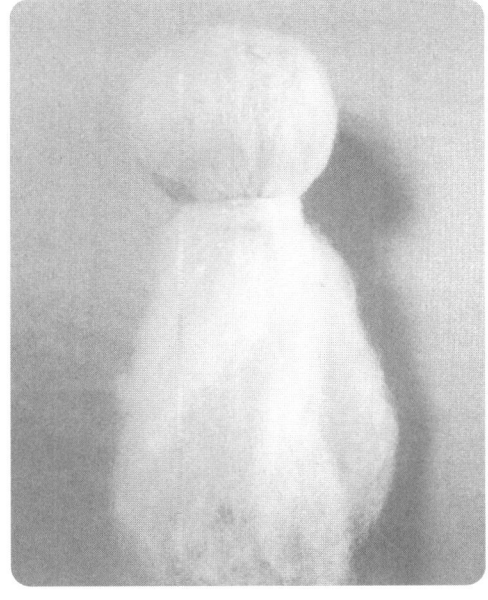

6. 완성된 머리의 크기는 지름이 약 5~6cm 정도 되도록 만든다.

BODY
양모솜 테이블 인형 몸통 만들기

1. 하얀 색 양모솜을 얇게 펴서 사진과 같이 감싸준다.

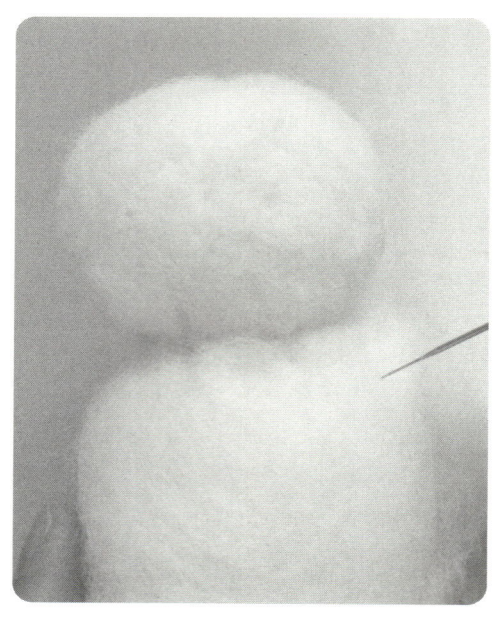

2. 양모솜 바늘을 이용하여 모양을 잡아가며 찔러준다.

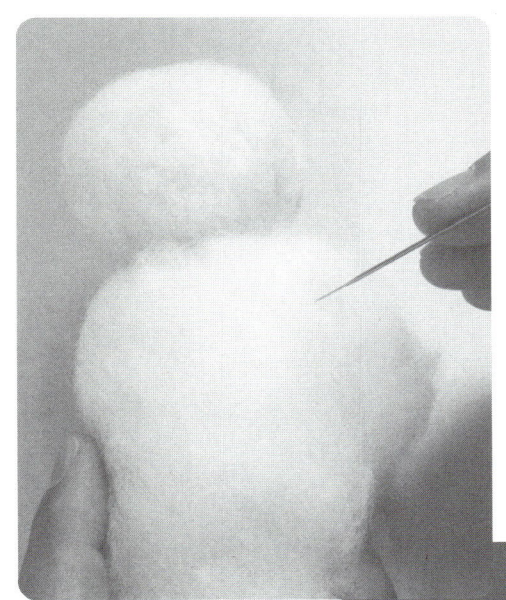

3. 1번과 2번을 반복하여 전체적인 조화를 맞춰 몸통을 완성한다.

4. 머리와 몸통이 완성된 모습

CLOAK
양모솜 테이블인형 망토 만들기

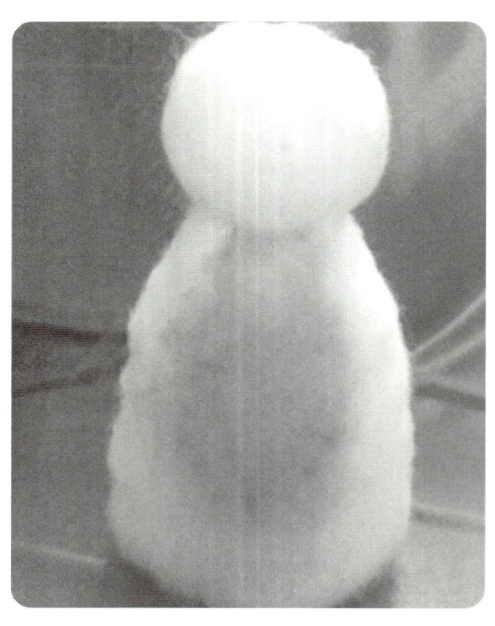

1. 망토가 입혀질 부분을 제외하고 앞부분에 색깔 양모솜을 고정시켜준다.

2. 망토가 입혀질 부분을 제외한 앞부분에 색깔 양모솜을 입힌 모습.

3. 망토가 될 부분에 다른 색깔의 양모솜을 고정시켜준다.

4. 망토가 완성된 모습

HAIR
양모솜 테이블인형 머리카락 만들기

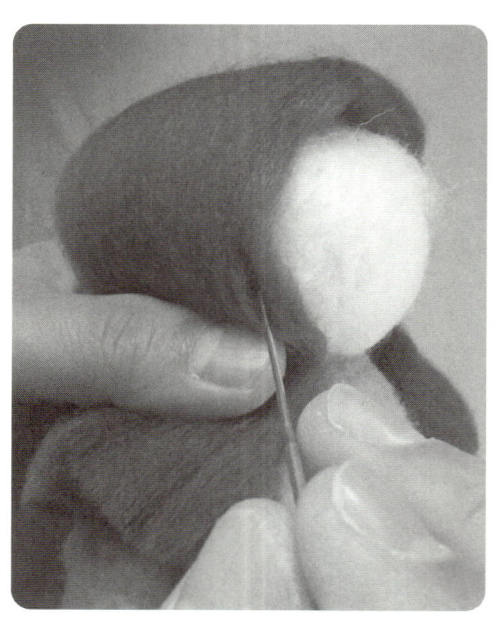

1. 갈색 양모솜을 이용하여 머리카락이 될 부분에 맞춰 놓는다.

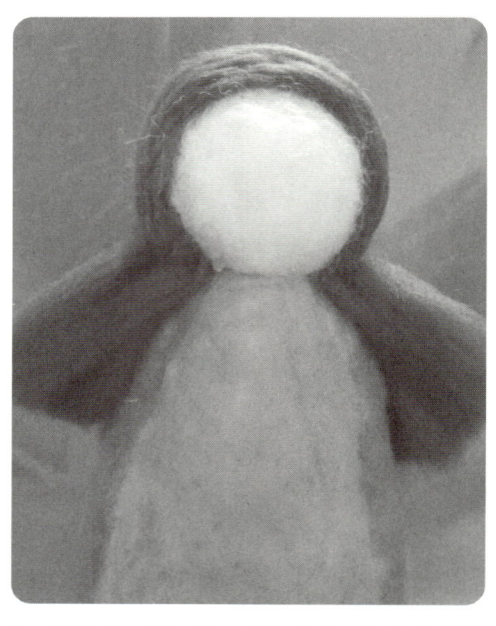

2. 양모솜 바늘을 이용하여 머리카락부분을 골고루 찔러준다.

3. 머리카락을 고정시키고 멋을 낸 모습.

4. 양모솜 테이블인형의 완성된 모습

inamu-wald&spiel

이렇게 활용하세요!

눈코입이 없는 간단한 형태의 인형이지만 아이들에게는 혼자 만의 인형극을 하거나 항상 손에 들고 다니면서 친구처럼 놀이의 상대자가 된다. 부모님이 인형을 가지고 간단한 이야기를 들려주거나 동화책을 읽어주면서 양모솜 탁상인형을 활용해도 아이와 교감하는데 큰 도움이 된다.

양모솜 강아지 만들기

재료 준비   하얀 색 양모솜 양모솜 바늘 꽃철사

FRAME
양모솜 강아지
뼈대 만들기

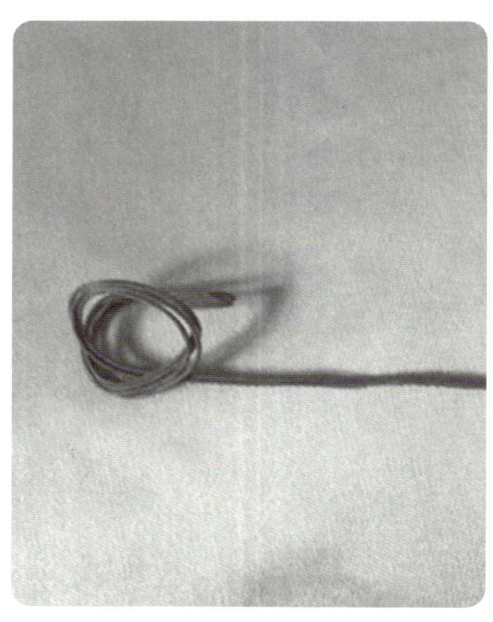

1. 꽃철사를 이용하여 사진과 같이 머리부분과 몸통부분의 뼈대를 만든다.

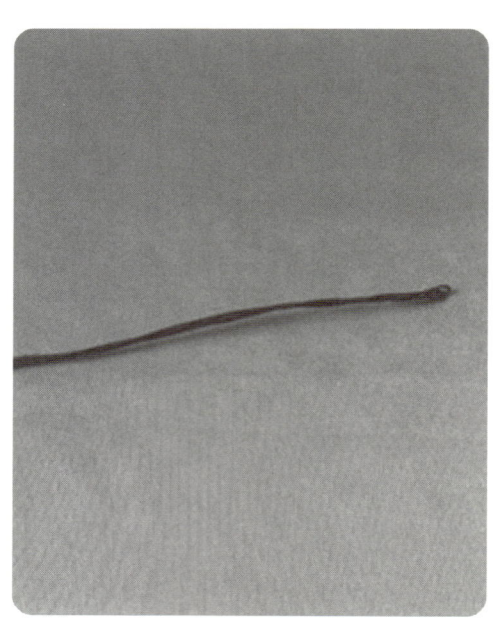

2. 두번째 꽃철사를 연결하여 몸통과 꼬리부분까지 뼈대를 만든다.

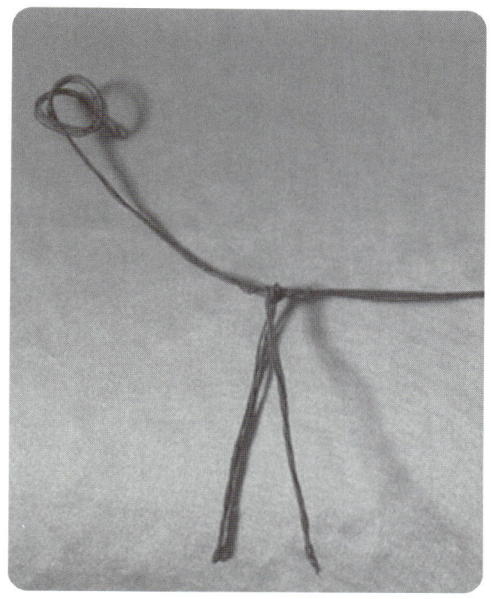

3. 세번째 꽃철사를 이용해서 사진과 같이 앞다리부분의 뼈대를 만든다.

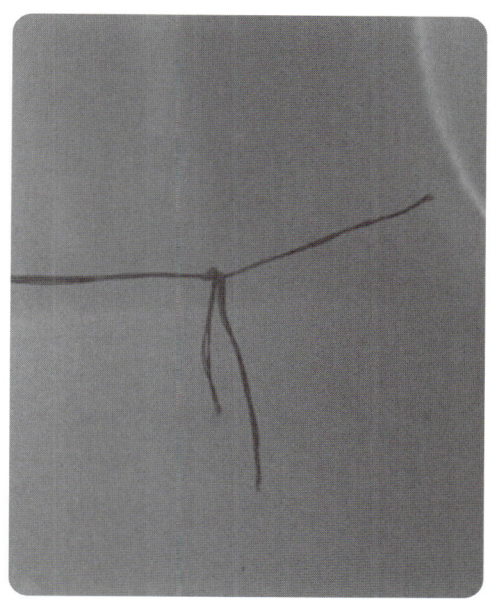

4. 네번째 꽃철사를 이용해서 사진과 같이 뒷다리부분의 뼈대를 만든다.

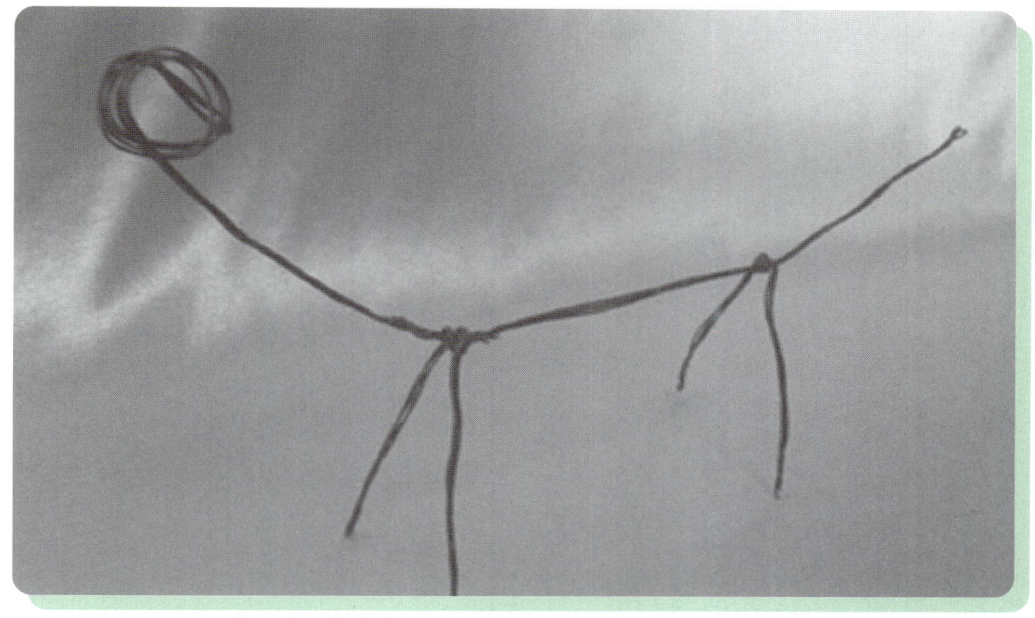

5. 양모솜 강아지를 만들기 위한 뼈대가 완성된 모습

BODY
양모솜 강아지 몸통 만들기

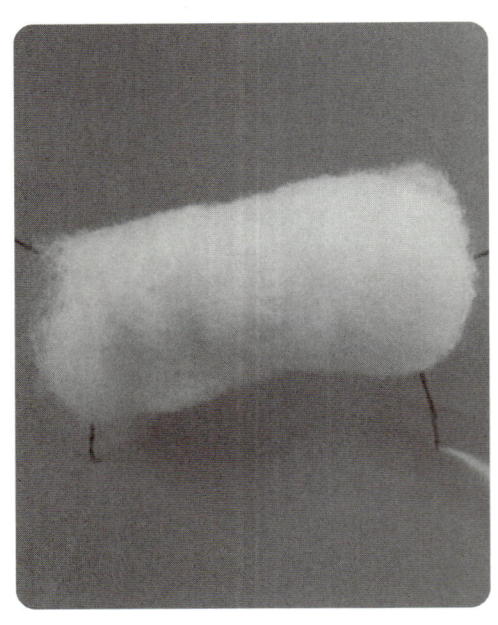

1. 몸통이 될 부분에 양모솜을 말아준다.

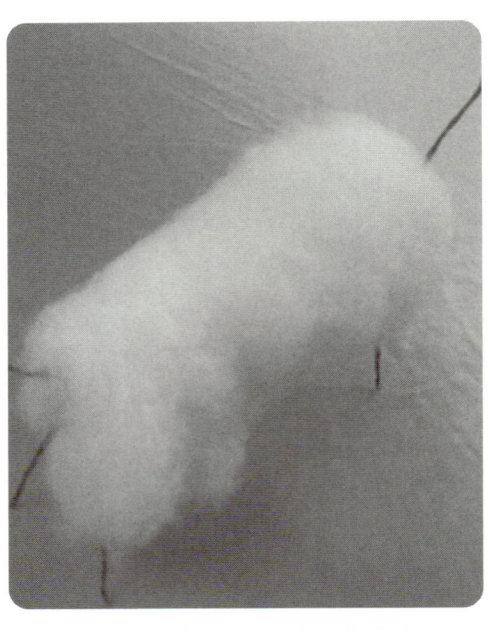

2. 몸통 부분에 양모솜을 말아서 양모솜 바늘로 찔러준다.

LEGS
양모솜 강아지 다리 만들기

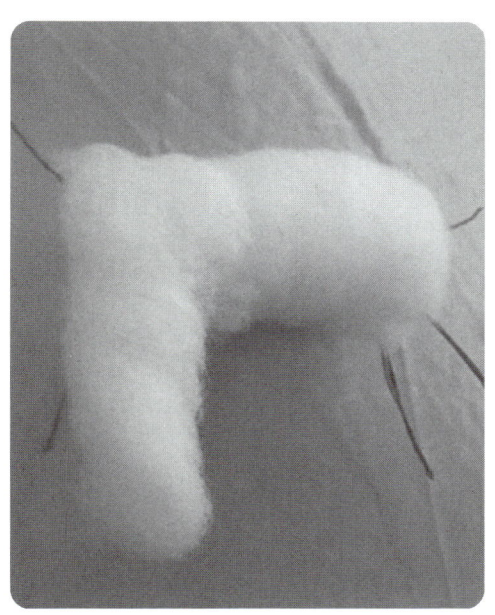

1. 다리 부분에도 양모솜을 말아주고 양모솜 바늘로 찔러준다.

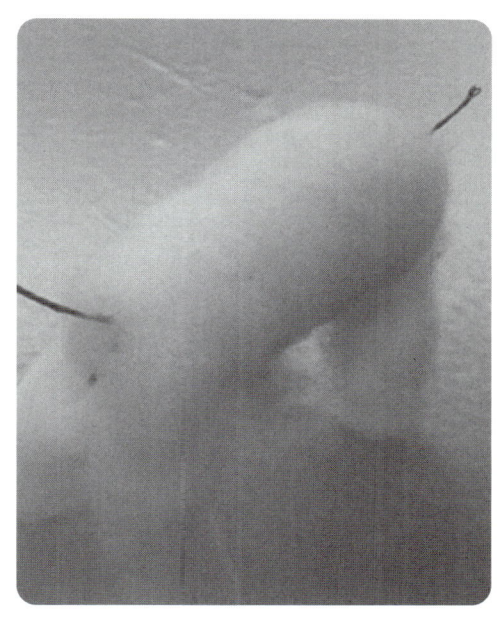

2. 네 개의 다리에 모두 양모솜을 말아주고 양모솜 바늘로 찔러준다.

TAIL
양모솜 강아지
꼬리 만들기

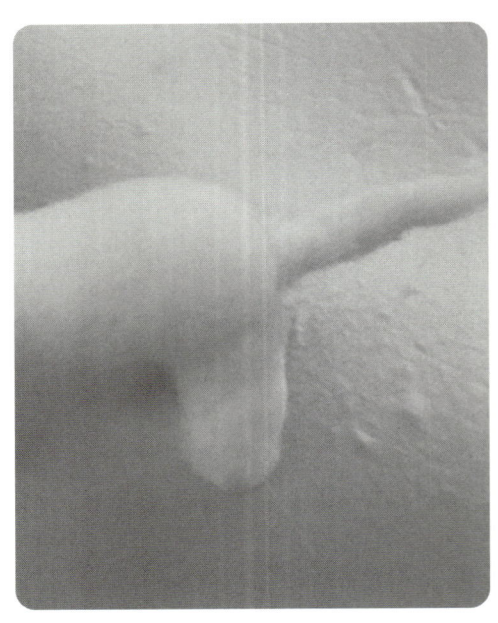

1. 꼬리 부분에도 양모솜을 말아주고 양모솜 바늘로 찔러준다.

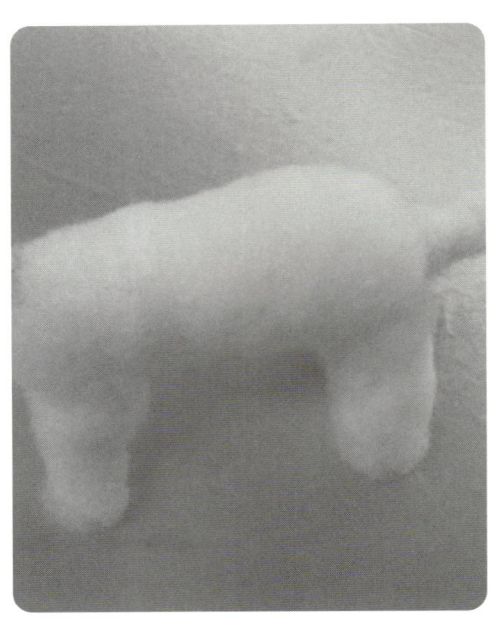

2. 몸통, 다리와 꼬리까지 만든 모습

HEAD
양모솜 강아지 머리 만들기

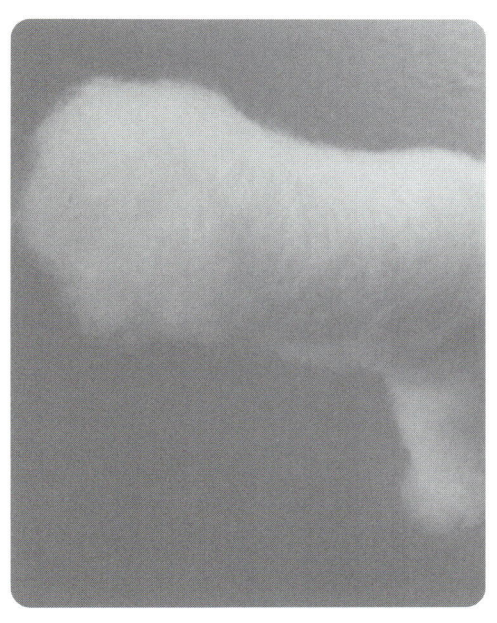

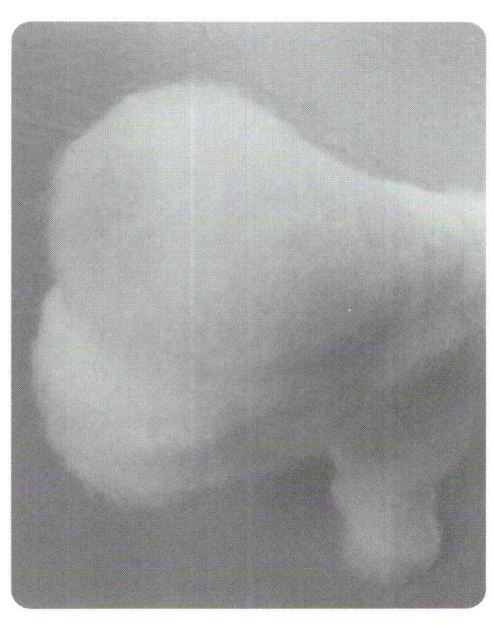

1. 머리를 만들기 위해 머리 부분에 양모솜을 붙여준다.

2. 양모솜 바늘을 이용하여 강아지의 얼굴 형태로 만들어준다.

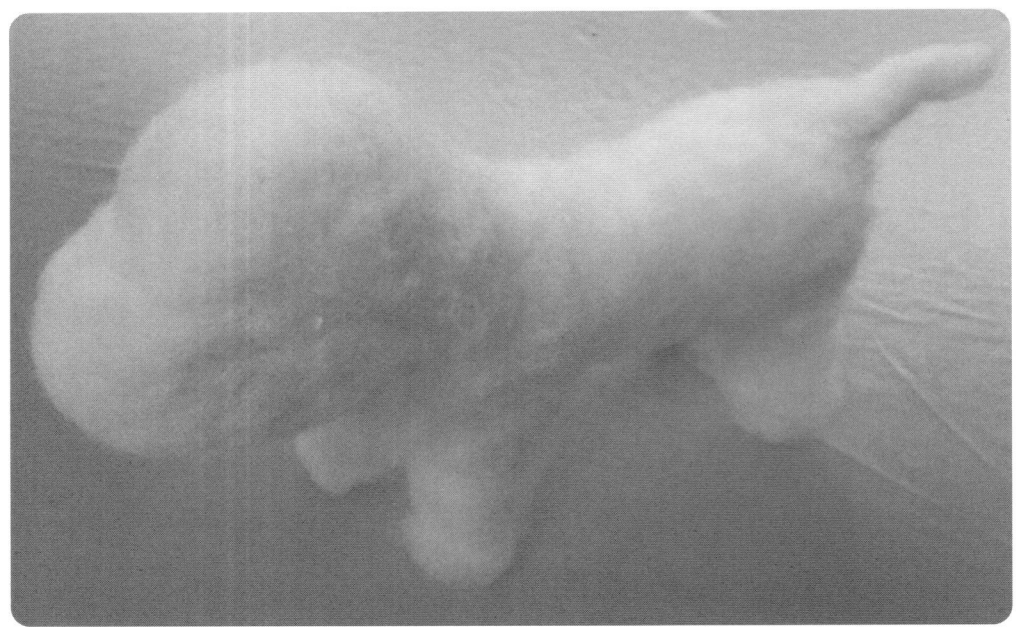

3. 머리까지 만들어진 모습

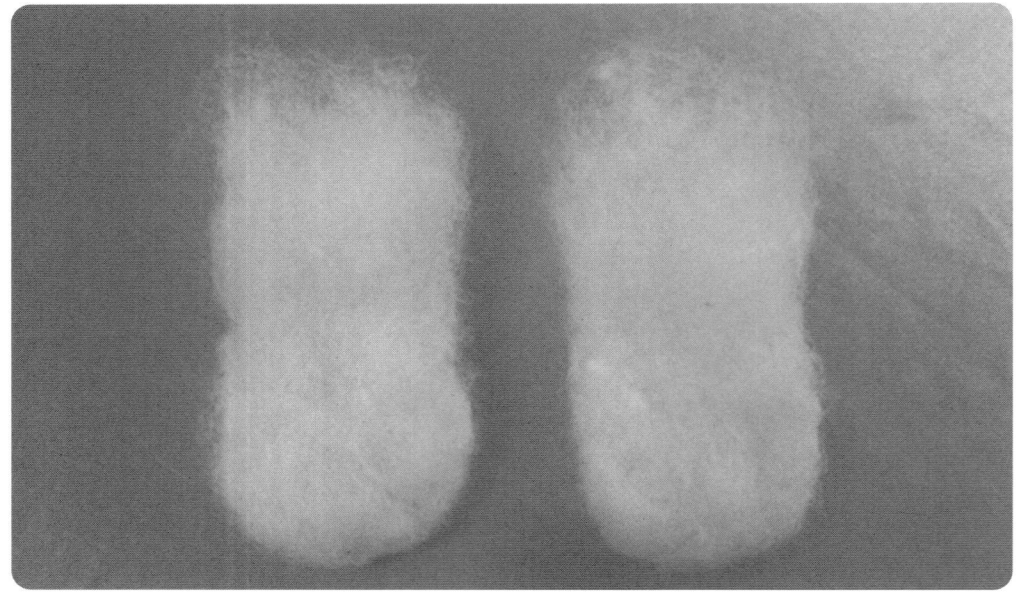

4. 강아지의 귀를 만들어 주기 위하여 똑같은 모양, 똑같은 크기로 두 개의 귀를 만든다.

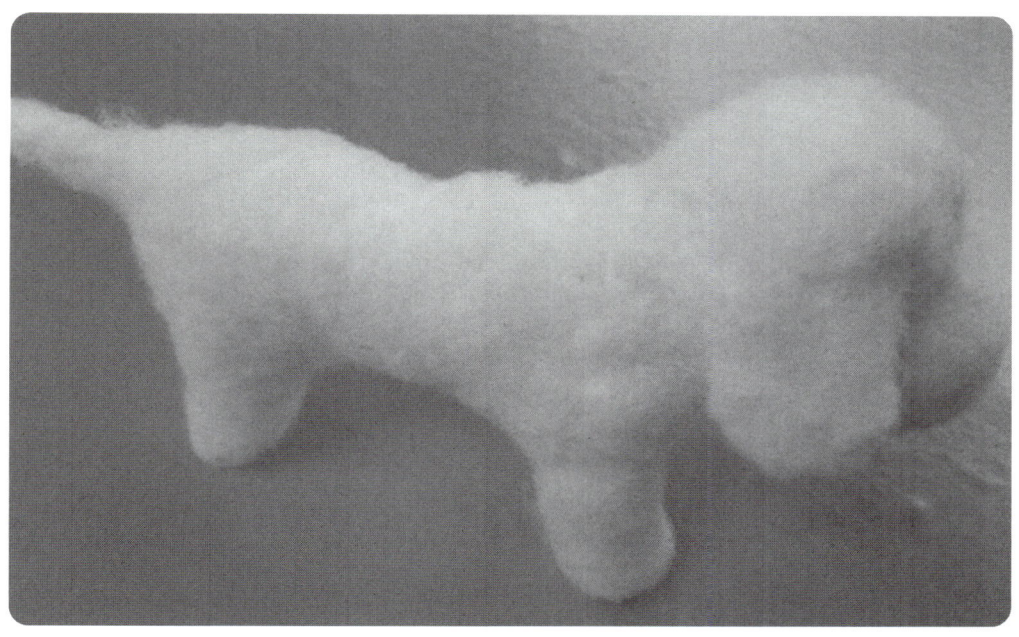

5. 적당한 위치에 귀를 붙여 완성한다.

이렇게 활용하세요!

아이들이 자아의 개념이 발달하면서 타인에 대한 개념도 발달하게 되는데 무엇인가를 돌보고 싶어 하고 애정을 쏟고 싶어 하는 시기가 있다. 이러한 시기에 부드러운 느낌의 강아지 인형은 사랑을 주고 싶어 하는 대상이자 놀이를 촉진하는 효과적인 매체가 될 수 있다. 강아지 목에 털실을 달아 끌고 다니기도 하고 안아서 잠을 재우기도 하는 등 아이와 정서적으로 교감할 수 있는 인형이자 놀잇감이라고 할 수 있다.

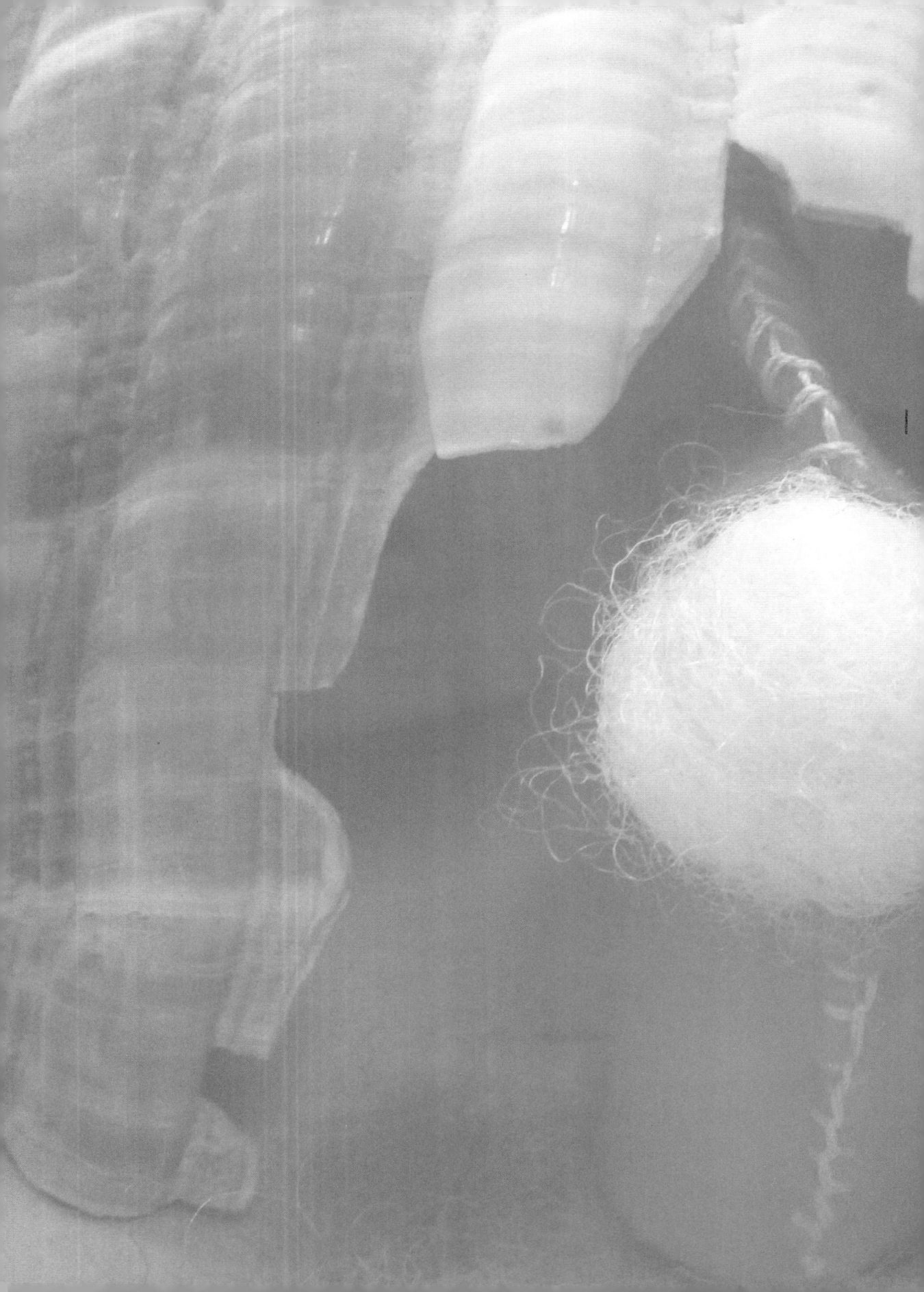

펠트 천 난장이 만들기

재료 준비

펠트 천
하얀 색 양모솜
바늘
실
가위

바느질 방법

버튼홀 스티치

PATTERN
펠트 천 난장이
패턴 준비

SEWING
펠트 천 난장이 바느질하기

1. 난장이 인형을 만들기 위하여 같은 색깔의 펠트 천을 2장 준비한다.

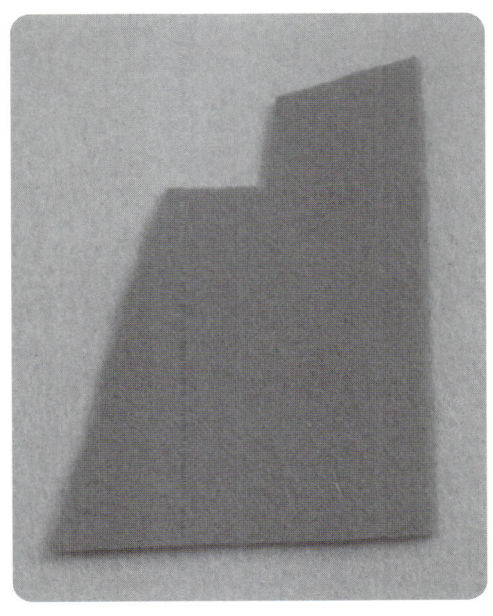

2. 펠트 천을 패턴과 같은 모양으로 자른다.

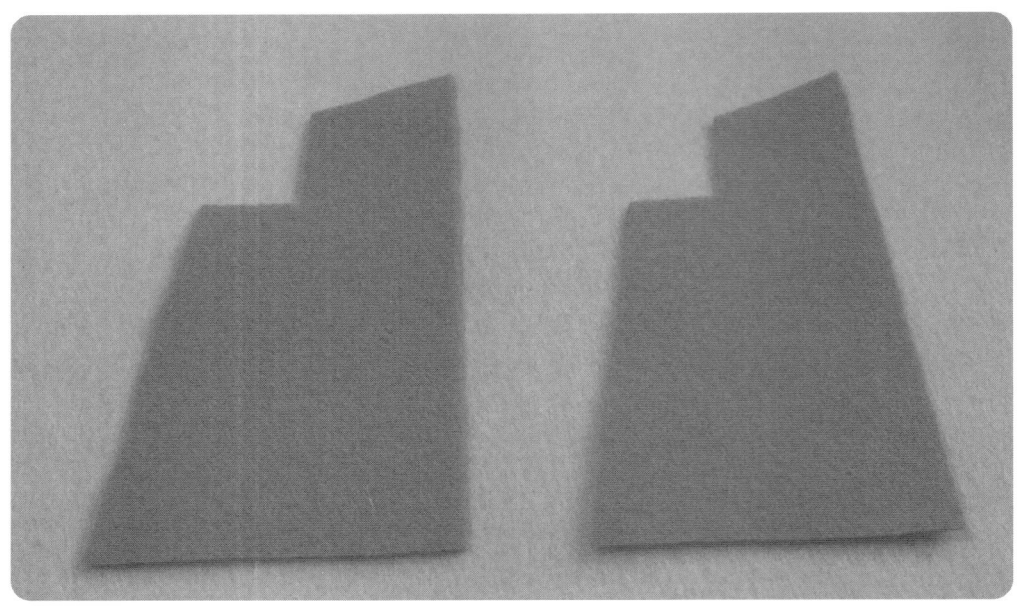

3. 펠트 천을 같은 크기, 같은 모양으로 두장을 자른다.

4. 두장을 포개서 버튼홀 스티치 방법으로 바느질한다.

5. 버튼홀 스티치 방법으로 한쪽만 바느질한 모습.

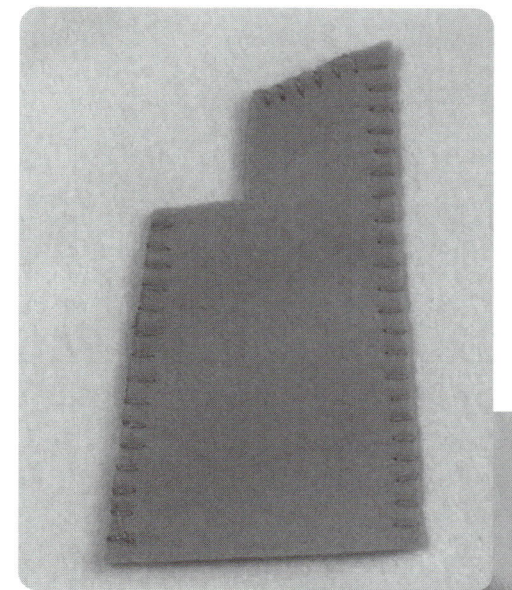

6. 난장이를 만들기 위한 바느질을 끝낸 모습.

WHOLE
펠트 천 난장이
완성하기

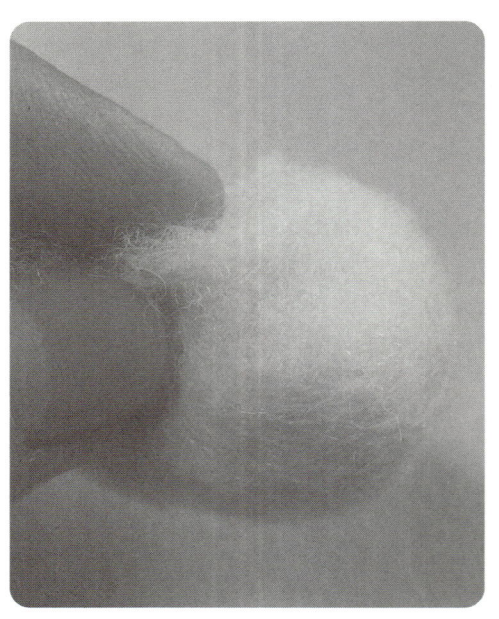

1. 솜을 둥글게 뭉쳐준다.

2. 뭉쳐진 솜을 아래 부분으로 밀어넣어 얼굴을 만들어 준다.

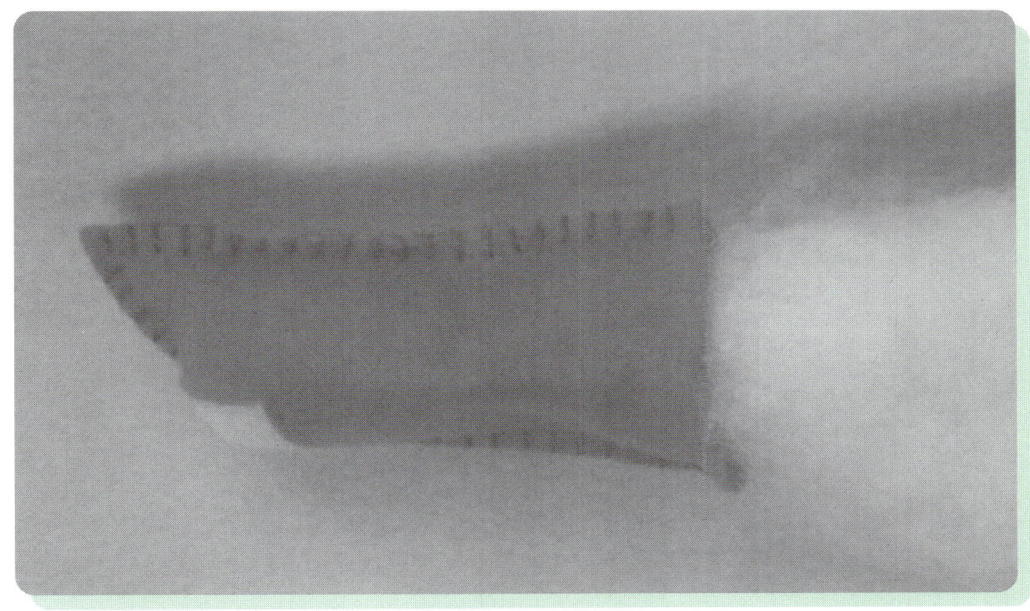

3. 난장이의 아래 부분으로 솜을 더 채워넣어 준다.

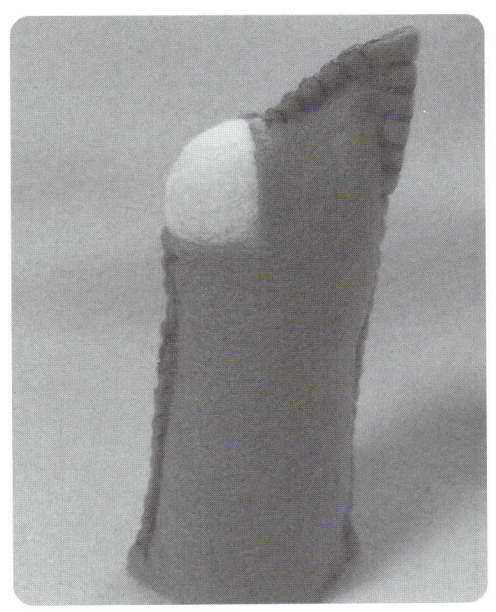

4. 솜은 약80% 정도만 채워준다.

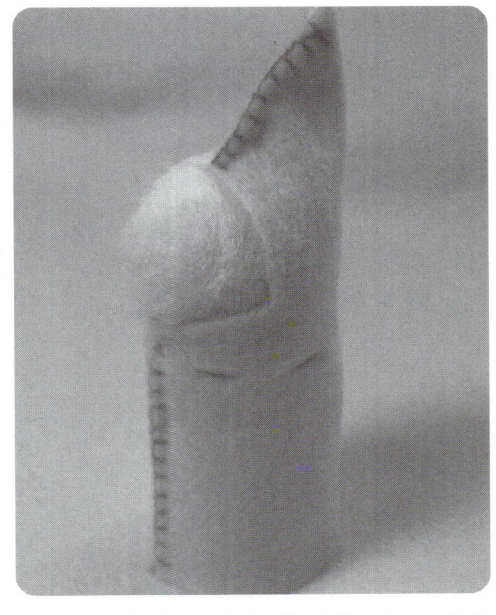

5. 얼굴 아래 부분에 홈질을 하고 실을 당겨서 매듭지어 완성한다.

6. 털실을 이용해서 묶어주면 또다른 느낌의 난장이가 완성된다.

7. 완성된 난장이 인형의 앞모습

이렇게 활용하세요!

흔히 난장이 인형이라고 많이 불리는데 자연을 상징화한다고 볼 수 있다. 작은 요정인형은 처음 바느질을 시작하는 아이들도 어렵지않게 완성할 수 있는 인형이고, 부모님들이나 선생님들은 아이들에게 선물로도 작은 요정인형을 활용하기도 한다. 상상놀이나 게임 등 다양한 아이들의 놀이영역에서 사용되어 질 수 있다.

펠트 천 생쥐 만들기

재료 준비

갈색 펠트 천
하얀 색 양모솜
갈색 색실
검정색 색실
바늘
가위
검정색 비즈

바느질 방법

버튼홀 스티치

PATTERN
펠트 천 생쥐
패턴 준비

BODY
펠트 천 생쥐 몸통 만들기

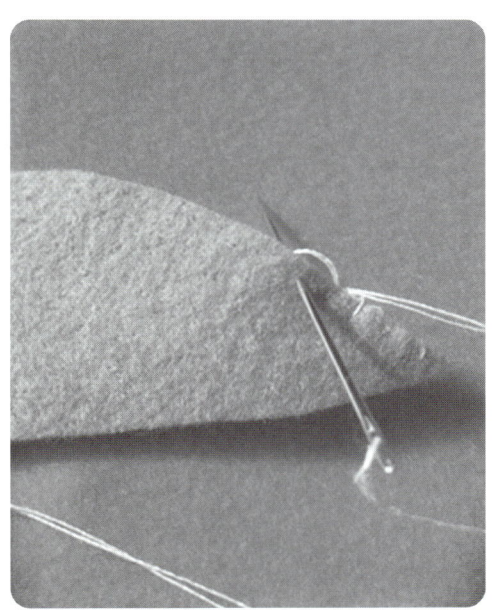

1. 몸통 두장을 포개서 버튼홀 스티치 방법으로 바느질한다.

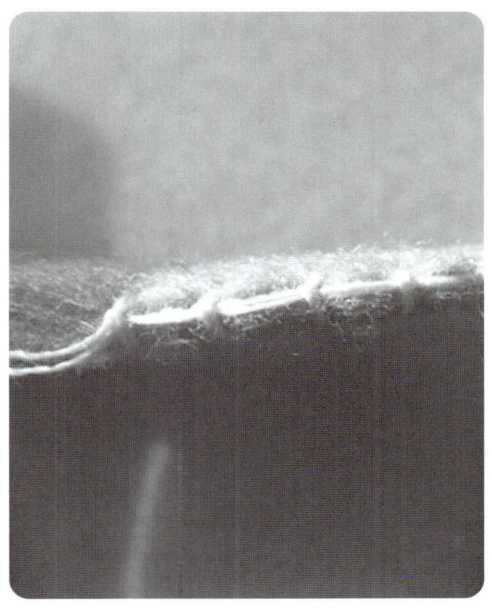

2. 버튼홀 스티치 방법으로 바느질한 모습.

3. 윗부분을 바느질한 후 배부분도 바느질할 준비를 한다.

4. 몸통부분과 배부분을 잘 맞춘 후 버튼홀 스티치 방법으로 바느질한다.

5. 솜넣을 구멍을 남기고 바느질을 멈춘다.

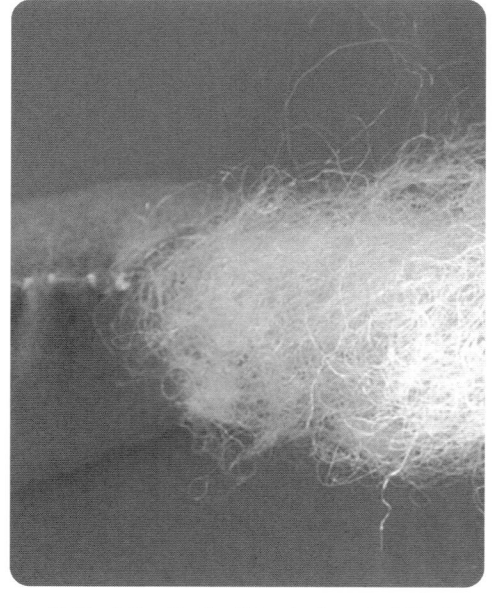

6. 창구멍을 통해 양모솜을 넣어준다.

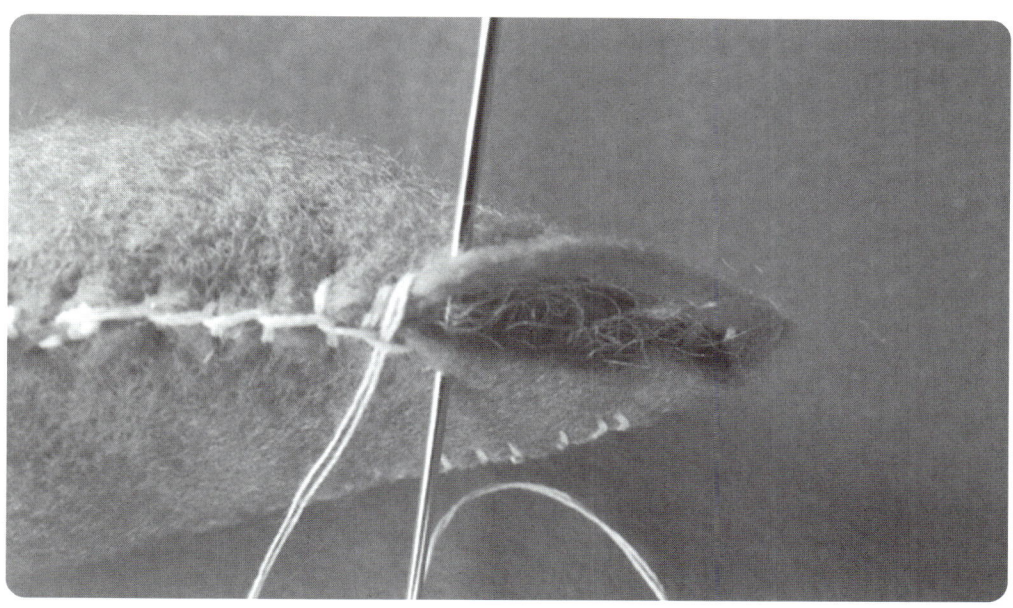

7. 양모솜을 넣은 후, 창구멍도 바느질하여 마감한다.

8. 몸통이 완성된 모습.

TAIL
펠트 천 생쥐
꼬리 만들기

1. 갈색 펠트 천을 꼬리 모양으로 길쭉하게 자른다.

2. 생쥐 몸통의 뒷부분에 꼬리를 바느질하여 고정시킨다.

EYES
펠트 천 생쥐 눈 만들기

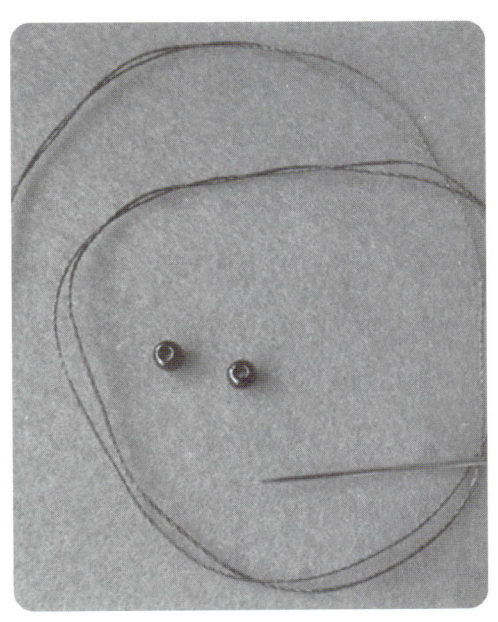

1. 검정색 비즈와 검정색 색실을 준비한다.

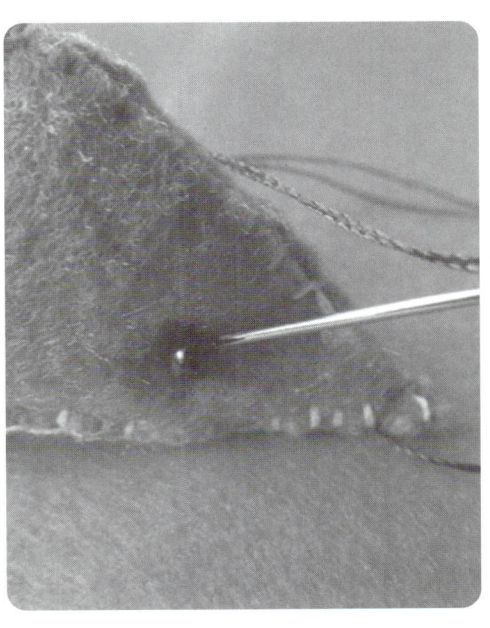

2. 생쥐 몸통의 앞부분에 검정색 비즈를 고정시켜 눈을 만들어 준다.

EARS
펠트 천 생쥐 귀 만들기

1. 눈 뒷 쪽에 갈색 색실로 귀를 고정시켜 준다.

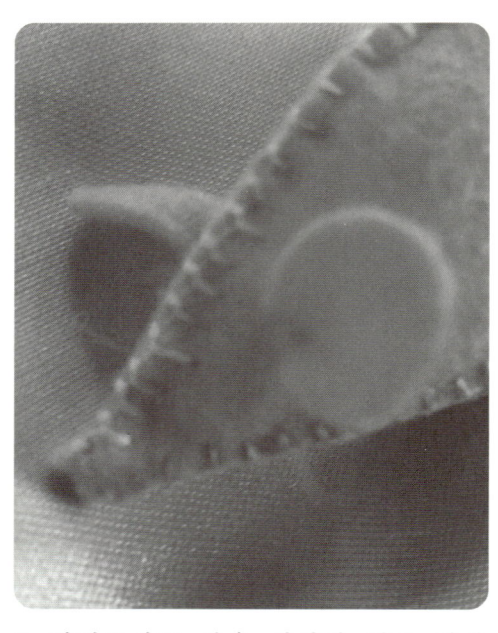

2. 반대쪽에도 같은 위치에 귀를 달아 완성한다.

이렇게 활용하세요!

작은 것을 좋아하는 아이들에게 생쥐는 놀이에서 자주 관찰되어 진다. 동물놀이를 할 때도 좋아하지만, 펠트생쥐를 활용하여 게임을 하는 것도 너무나도 좋아한다. 술래가 되는 아이는 다른 곳에 가서 숨게한 뒤에, 한 아이에게 생쥐가 어느 정도만 보이게 하고 숨기고 술래인 아이가 어디에 생쥐가 숨었는지 찾아보게 하는 게임이다. 가정에서도 부모님들과 함께 해 보는 것도 아이들이 좋아하고 다른 형태로 게임이 변형이 가능하다.

펠트천 테이블인형 만들기

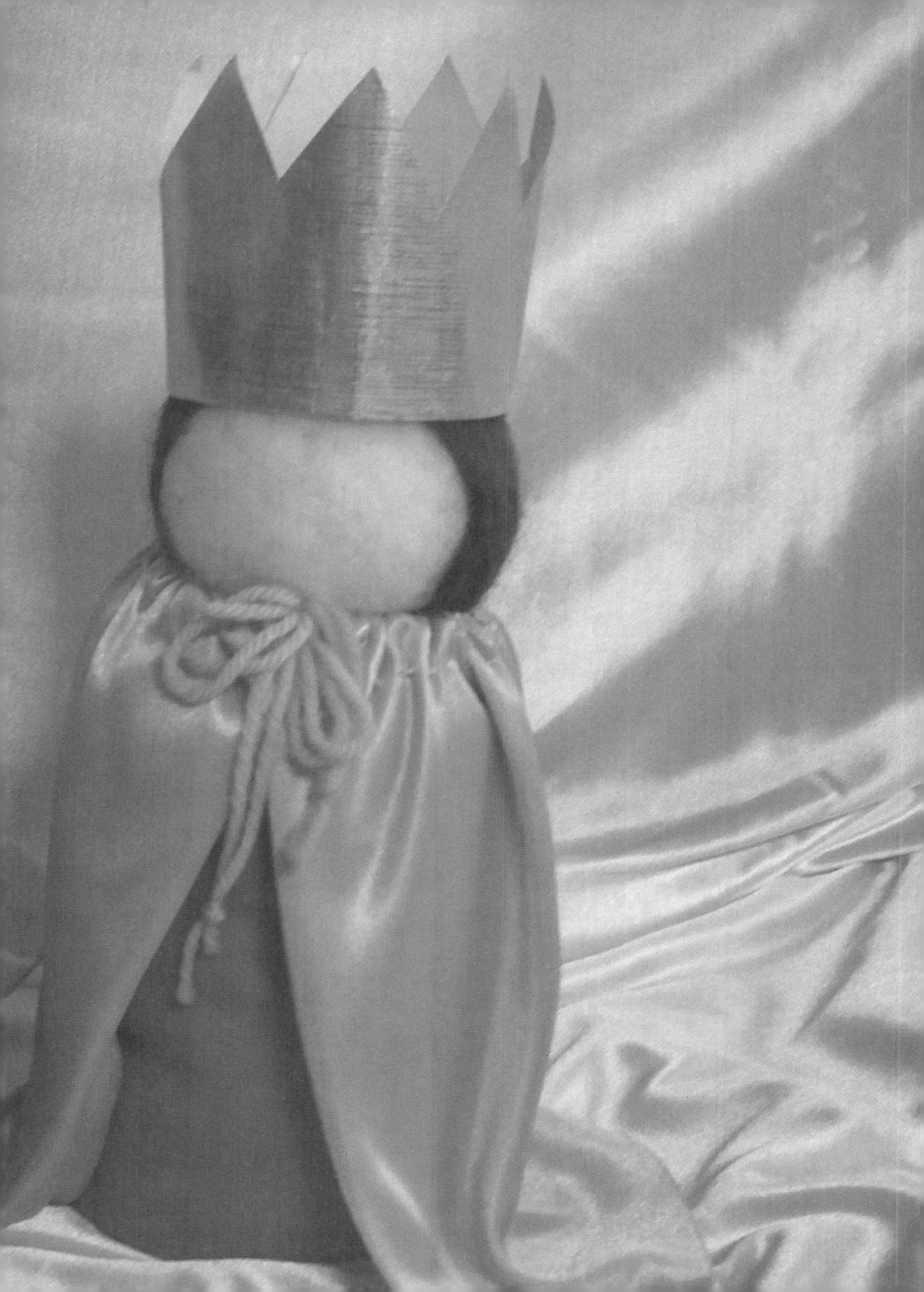

READY

펠트 천 테이블인형
재료 준비

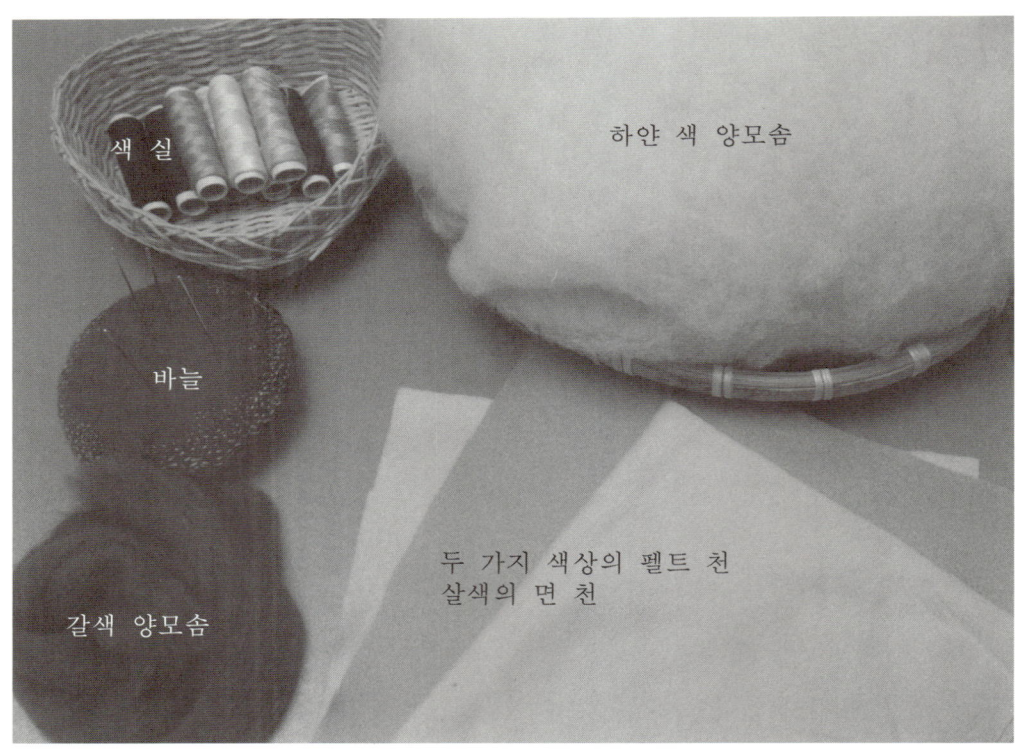

색 실
하얀 색 양모솜
바늘
두 가지 색상의 펠트 천
살색의 면 천
갈색 양모솜

HEAD
펠트 천 테이블인형 머리 만들기

1. 양모솜을 20cm 길이로 두 개를 잘라 +자 모양으로 놓는다.

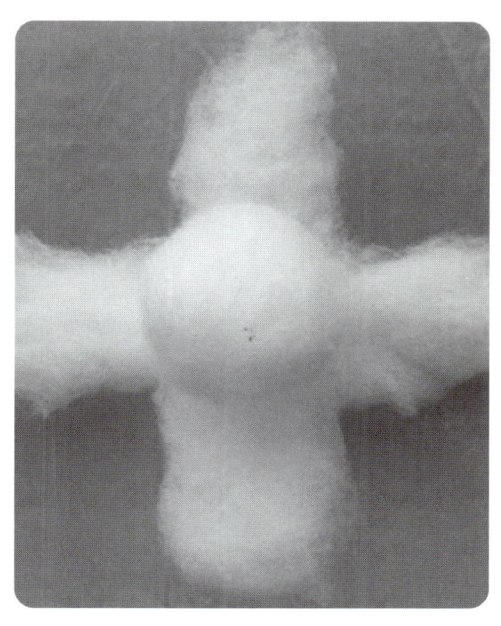

2. 양모솜을 지름 약 5cm 정도로 뭉쳐서 양모솜 가운데에 놓는다.

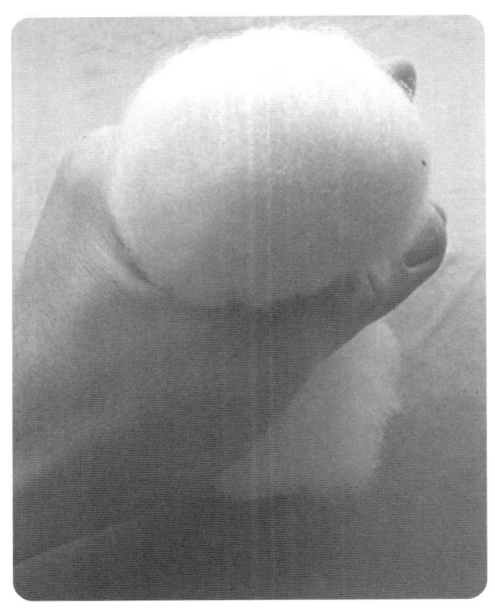

3. +자 모양으로 놓아둔 양모솜으로 둥글게 말아놓은 양모솜을 감싼다.

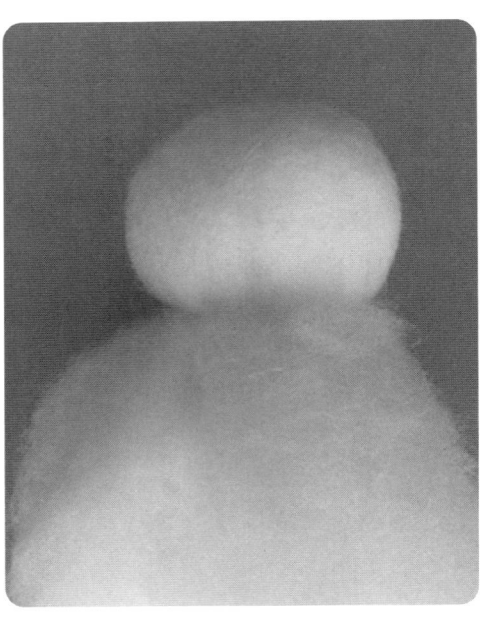

4. 감싼 양모솜 밑부분을 실로 묶어 준다.

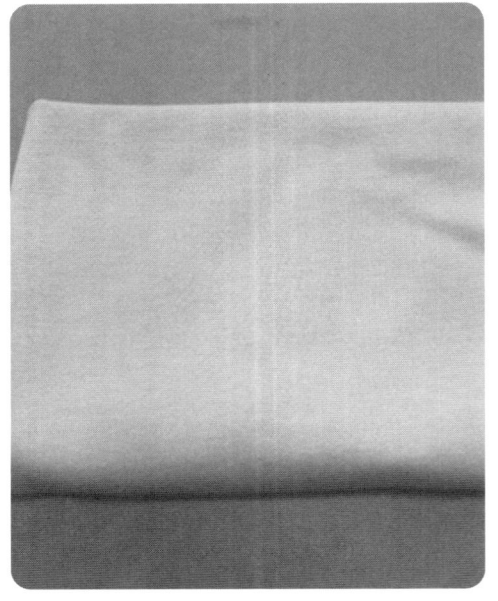

5. 얼굴을 만들 살색의 면 천을 준비해서 35cm X 35cm 크기로 자른다.

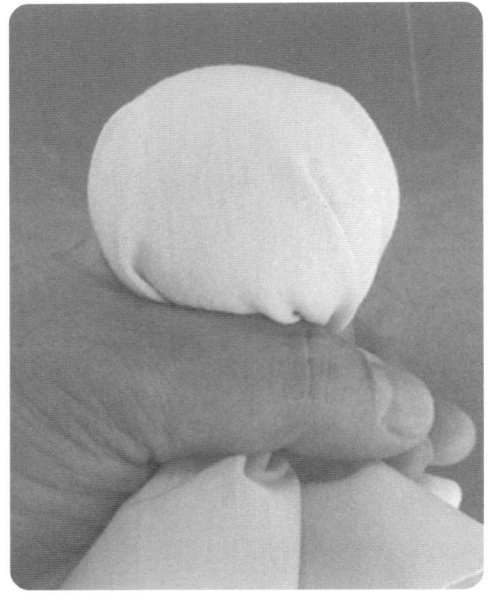

6. 면 천으로 감싼 다음 밑부분을 실로 묶어 준다.

BODY
펠트 천 테이블인형 몸통 만들기

1. 몸통을 만들기 위해 펠트 천을 24cm X 20cm 로 자른다.

2. 자른 펠트 천의 아래 부분을 1cm 접는다.

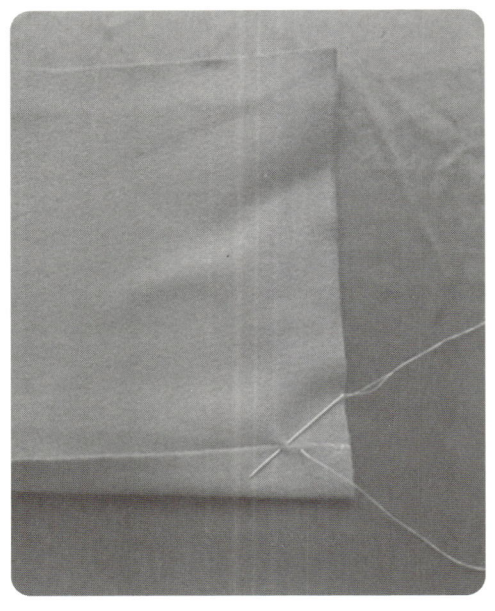

3. 접은 부분을 바깥쪽으로는 바늘땀이 보이지 않도록 하며 감침질 한다.

4. 감침질해서 바느질한 모습

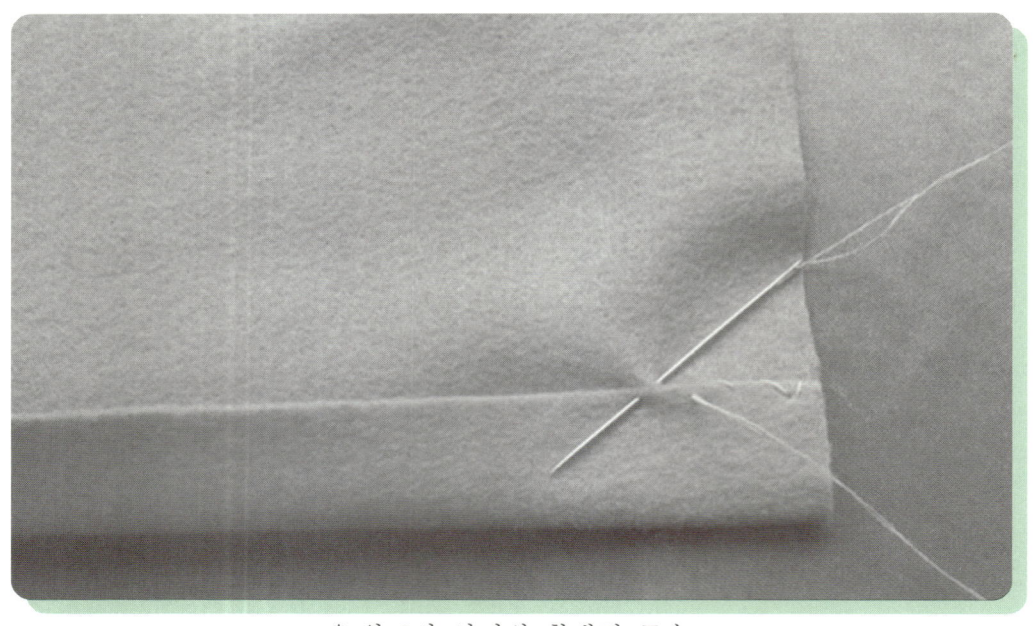

* 위 3번 사진의 확대된 모습

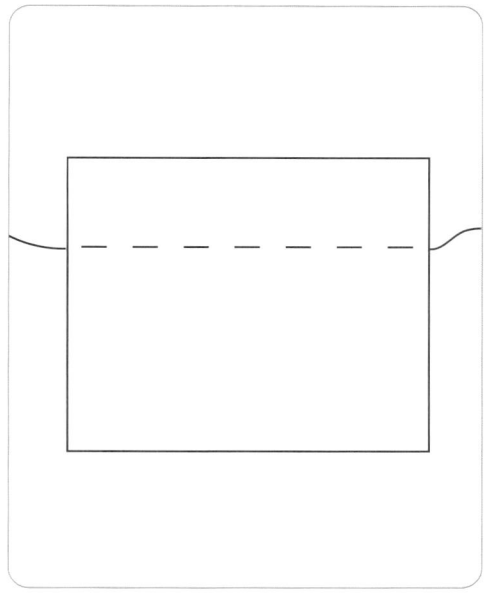

5. 위에서 5cm 지점에 홈질 한다.
주의: 양쪽으로 실을 남겨두어야 함.

6. 감침질한 바느질 부분이 보이도록 펠트 천을 가로 방향으로 반 접는다.

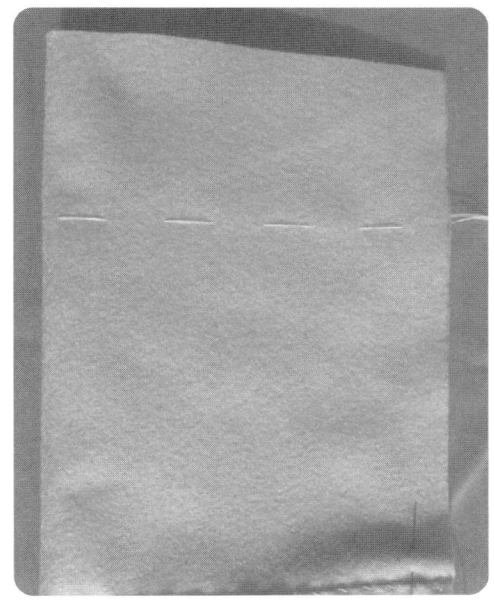

7. 1cm 여분을 두고 밑부분에서부터 홈질을 한다.

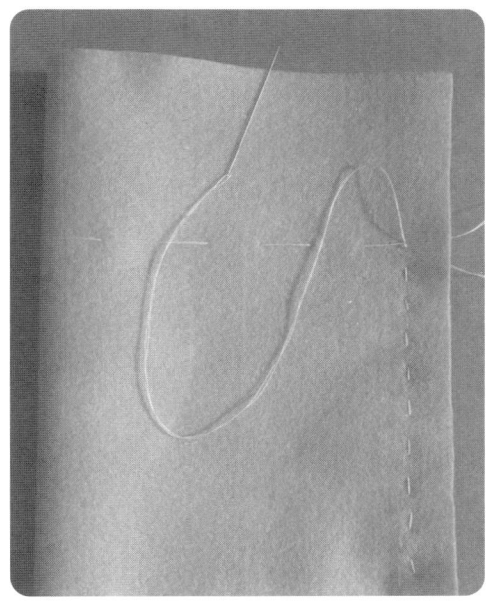

8. 밑에서부터 5번 부분까지 홈질을 하고 매듭지어 마무리한다.

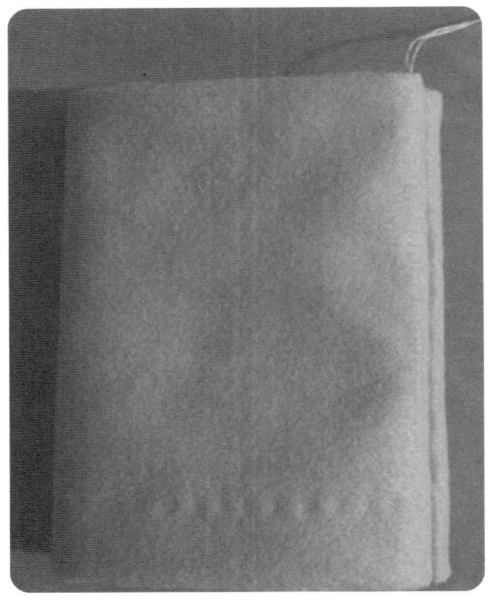

9. 8번을 뒤집고, 5번 홈질한 부분을 안쪽으로 접어 넣는다.

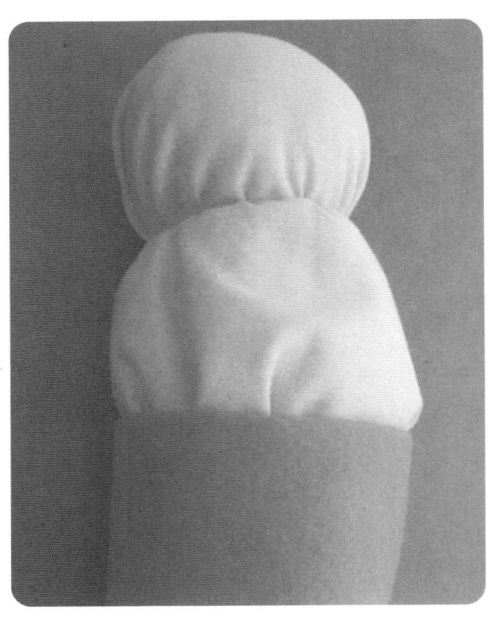

10. 머리를 몸통에 넣는다. 몸통의 바느질한 부분이 인형의 등이 된다.

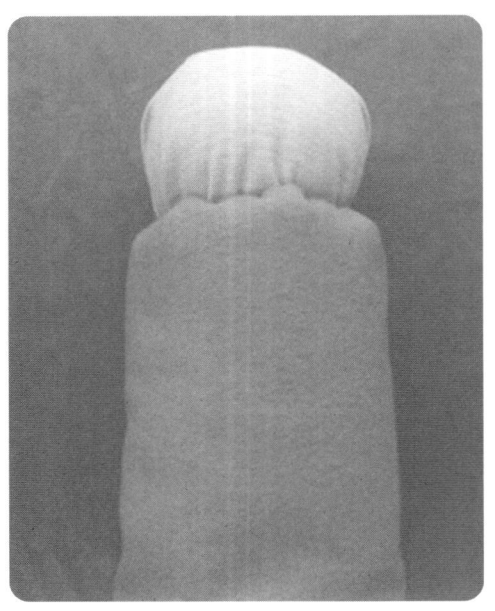

11. 인형의 앞쪽에 얼굴의 가장 깨끗한 부분이 오도록 맞춰준다.

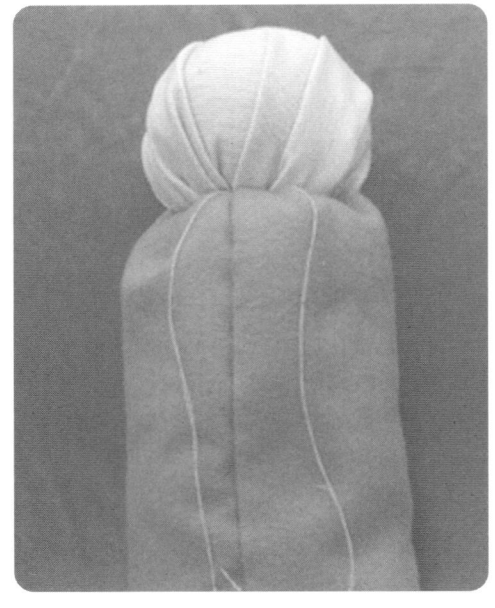

12. 홈질하고 여분으로 놓아둔 실을 잘 당겨 풀어지지 않도록 묶어 준다.

CLOAK
펠트 천 테이블인형 망토 만들기

1. 다른 색깔 펠트 천의 네 귀퉁이를 둥글게 잘라 준다.

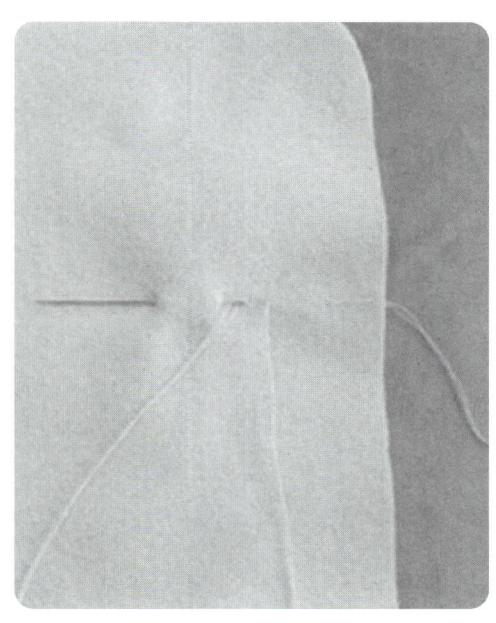

2. 펠트 천의 2/3 지점에 홈질을 한다.

3. 양쪽으로 여분의 실을 남겨 두고, 홈질을 한다.

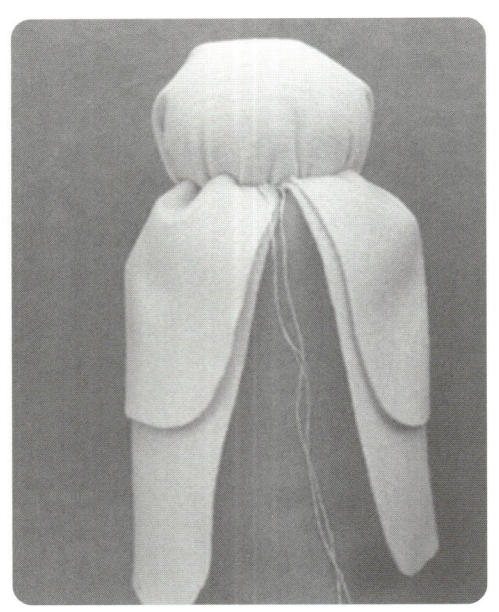

4. 홈질한 부분을 접어서 인형 몸통에 둘러 주고 실을 당겨 묶어 준다.

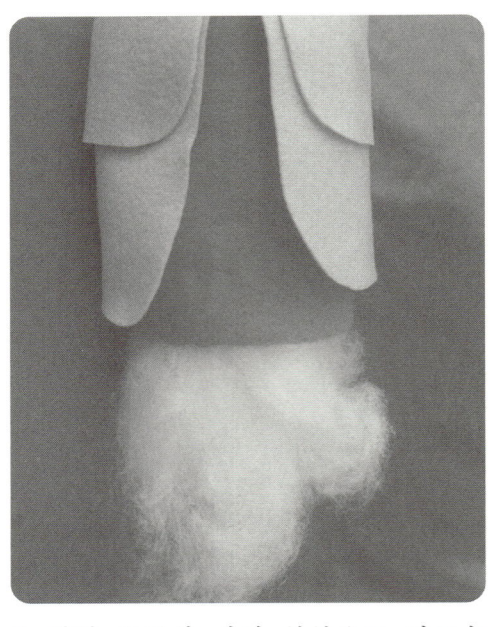

5. 인형 몸통의 아래 부분으로 양모솜을 90% 정도 채워 넣는다.

HAIR
펠트 천 테이블인형 머리카락 만들기

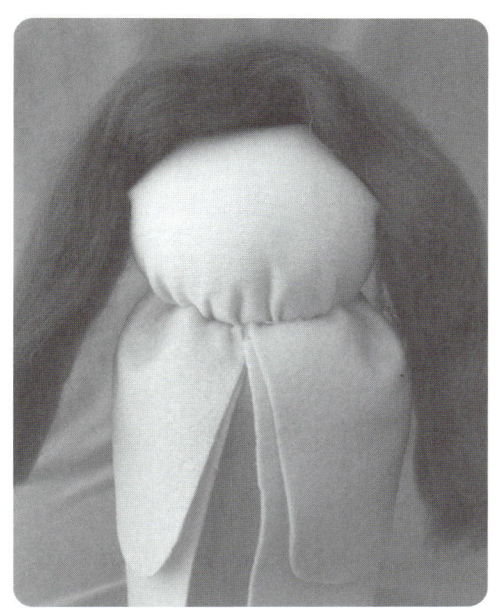

1. 갈색 양모솜을 머리 위에 놓고 머리카락의 위치를 잡아 준다.

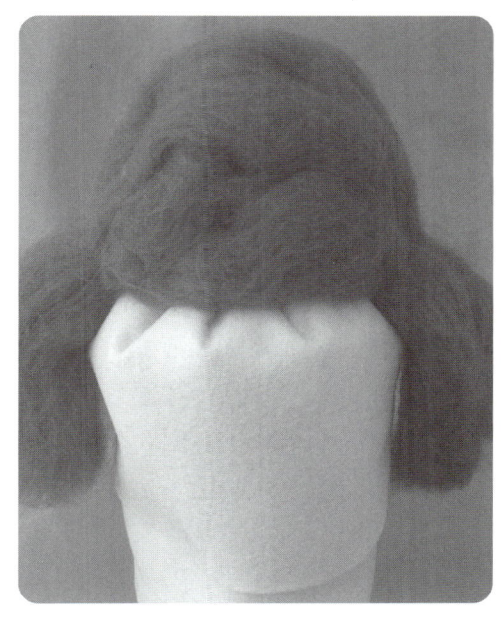

2. 바늘에 갈색 실을 꿰어 바느질하듯 하여 머리카락을 머리에 고정시킨다.

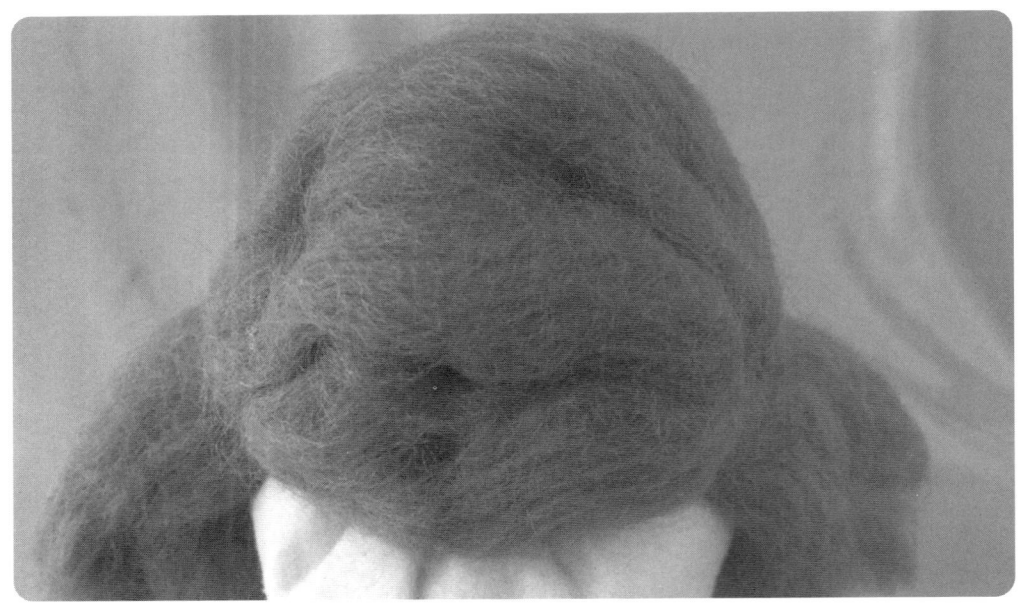

3. 바느질하듯 머리카락을 머리에 고정시키고 있는 모습

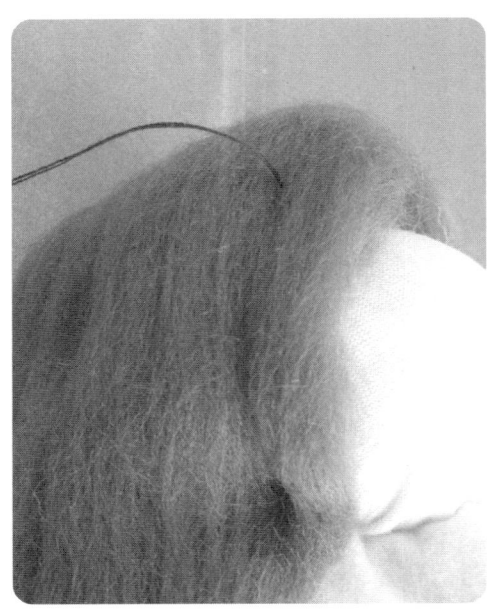

4. 여러 군데 바느질을 해 주어야 머리가 가발처럼 벗겨지지 않는다.

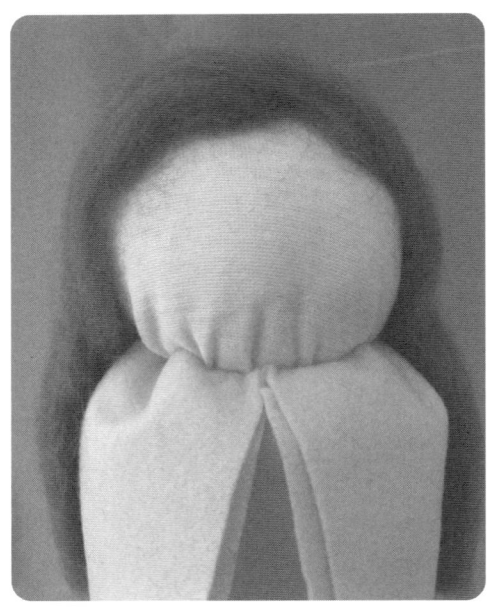

5. 펠트 천 테이블인형의 머리카락이 완성된 모습

이렇게 활용하세요!

발도르프 유치원에서는 교사들의 인형극을 모델링하여 아이들이 무대를 꾸미고 자신만의 이야기를 하는 것을 좋아한다. 이 때 제일 많이 마주하는 인형이 펠트 천 테이블인형이다. 펠트로 구성되기에 아이들이 놀이에 사용하여도 쉽게 망가지지 않는다. 다양한 느낌이 나는 테이블인형을 만들고 여러 색의 천을 준비하여 준다면 아이들은 풍부한 상상나무를 심을 수 있을 것이다.

발도르프 유치원 졸업인형 만들기

재료 준비

하얀 색 양모솜
갈색 양모솜
살색의 면 천
골덴 천 또는 타올
천
색실
바늘
가위

READY
발도르프 유치원 졸업인형 재료 준비

BODY
발도르프 유치원 졸업인형 몸통 바느질 하기

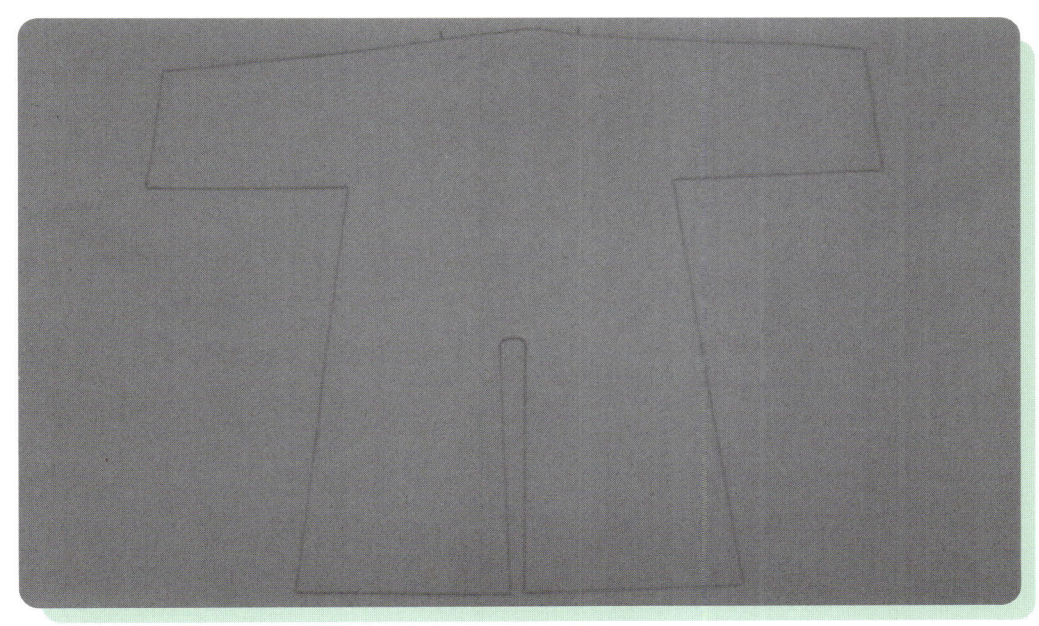

1. 준비한 천의 안쪽 면에 인형 패턴을 그린다.

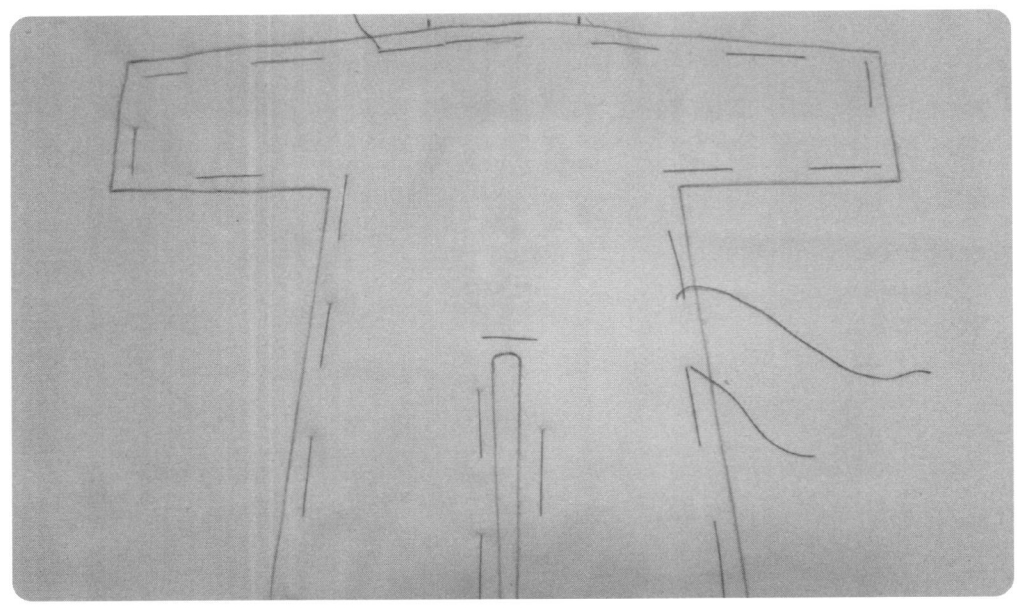

2. 그려놓은 패턴의 5mm 안쪽으로 시침 바느질을 한다.

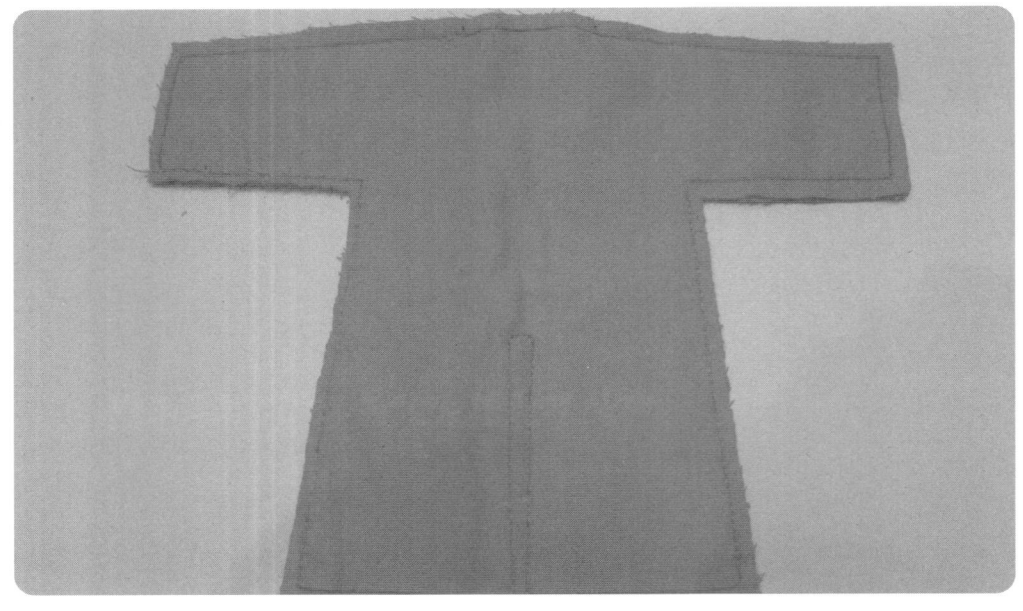

3. 패턴대로 박음질 방법으로 바느질 하고, 5mm 시접을 두고 자른다.

4. 바느질을 다 한 후에는 천을 뒤집어서 준비해 둔다.

HEAD
발도르프 유치원 졸업인형 머리 만들기

1. 하얀 색 양모솜을 20cm 길이로 길죽하게 뜯어 +자 모양으로 놓는다.

2. 하얀 색 양모솜을 5~6cm 크기로 둥글게 뭉쳐 가운데에 놓는다.

3. +자 모양으로 놓은 양모솜으로 감싸주고 아래를 실로 단단하게 묶는다.

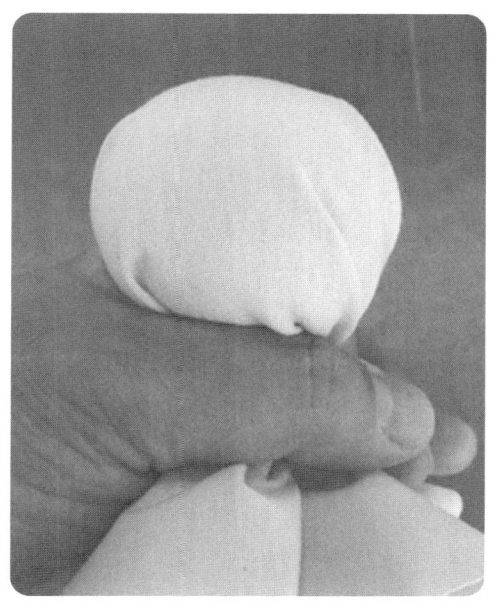

4. 살색의 면 천으로 양모솜을 잘 감싸준다.

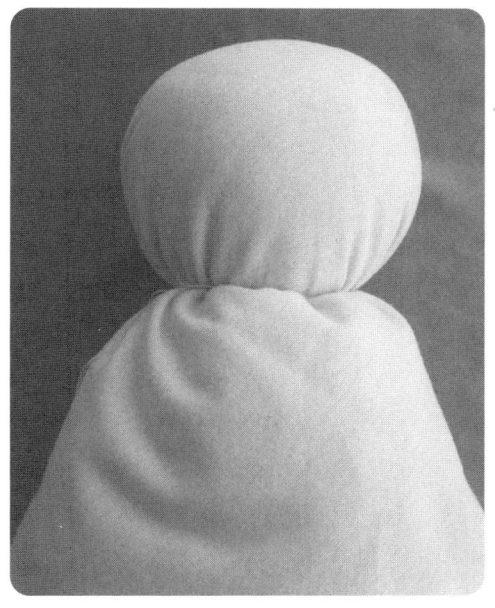

5. 살색의 면 천으로 잘 감싼 후, 아래 부분을 다시 실로 단단하게 묶는다.

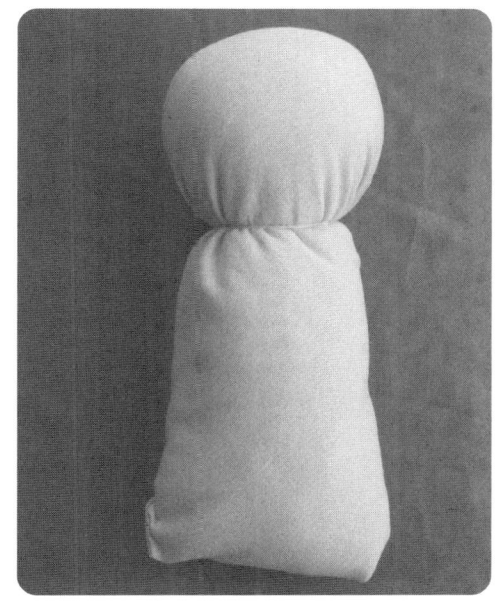

6. 아래 부분도 천으로 잘 감싼 후, 바느질해서 사진처럼 만들어 준다.

HAND & FOOT
발도르프 유치원 졸업인형 손과 발 만들기

1. 살색 면 천위에 양모솜을 1cm 크기로 둥글게 뭉쳐 가운데에 놓는다.

2. 면 천으로 양모솜을 감싼 후, 아래 부분을 실로 묶는다.

3. 똑같은 크기로 두 개를 만들어 놓는다. 두 개의 손이 완성되었다.

4. 살색 면 천위에 양모솜을 2cm 크기로 둥글게 뭉쳐 가운데에 놓는다.

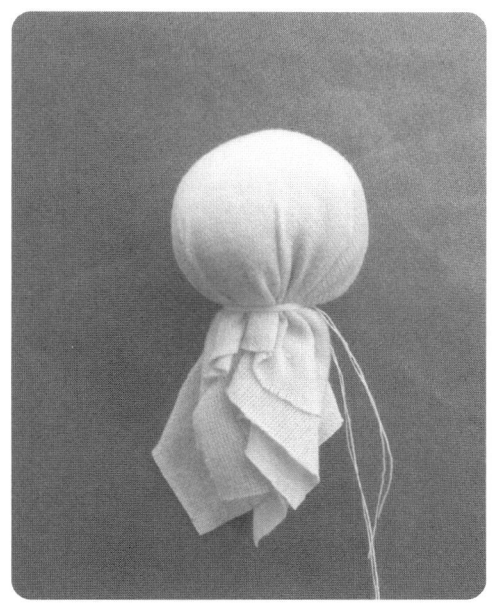

5. 면 천으로 양모솜을 감싼 후, 아래 부분을 실로 묶는다.

6. 똑같은 크기로 두 개를 만들어 놓는다. 두 개의 발이 완성되었다.

7. 두 개의 손과 두 개의 발이 완성된 모습

WHOLE
발도르프 유치원 졸업인형 완성 하기

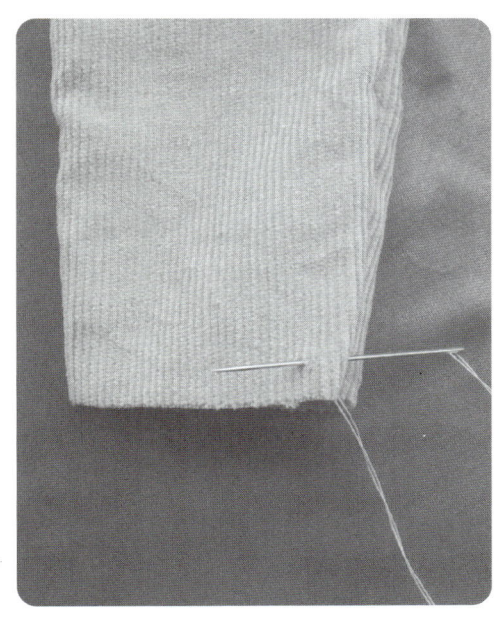

1. 손을 넣을 부분인 팔의 끝부분의 5mm 간격을 남기고 홈질한다.

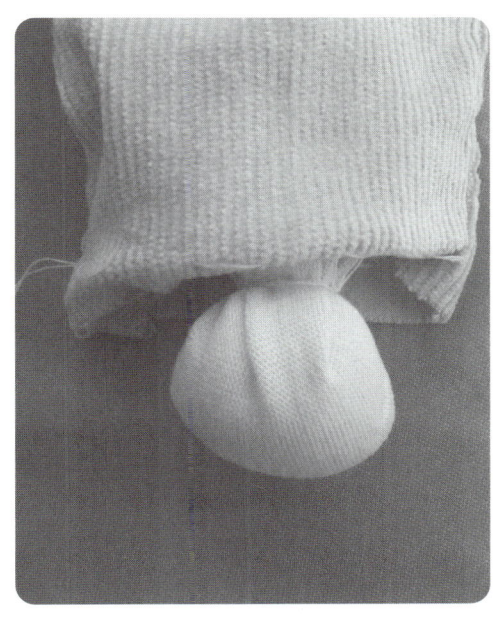

2. 만들어 놓은 손을 넣고 홈질한 실을 당긴다.

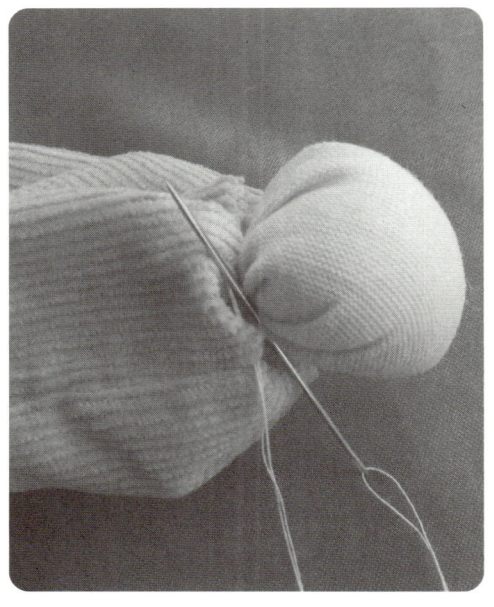

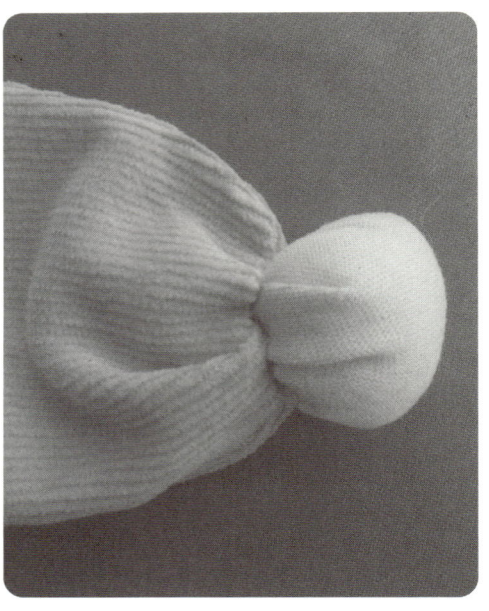

3. 손이 빠지지 않도록 실을 당긴 후, 풀어지지 않도록 단단하게 묶는다.

4. 여분으로 나와 있는 실을 손 안쪽으로 밀어넣어 마무리 한다.

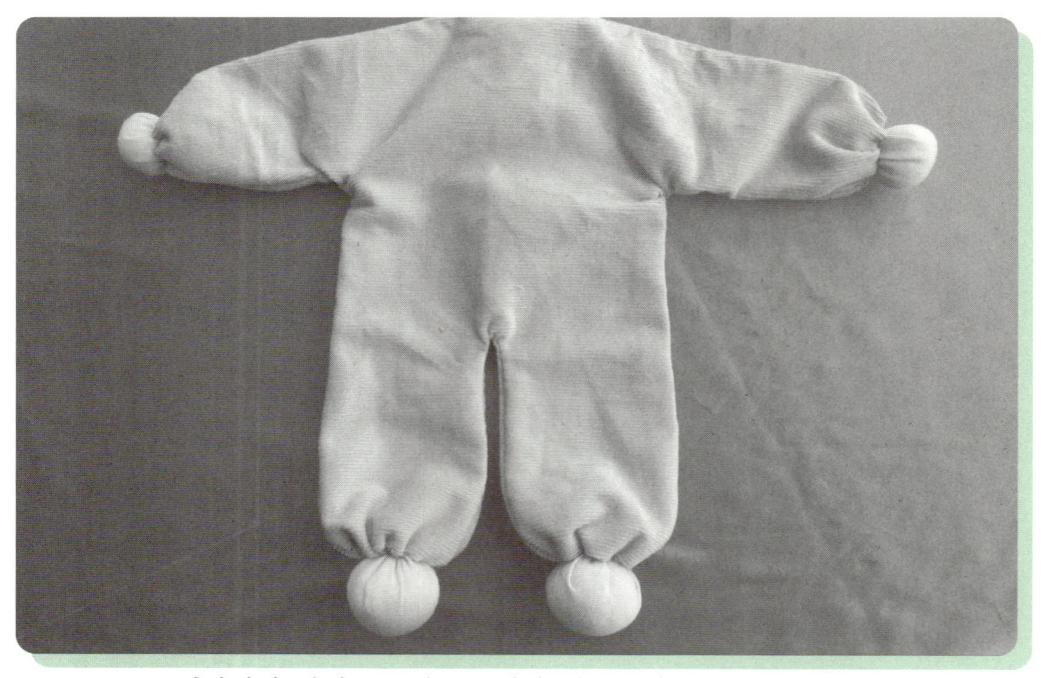

5. 1~4번까지의 방법으로 손 두 개와 발 두 개를 몸통에 바느질한다.

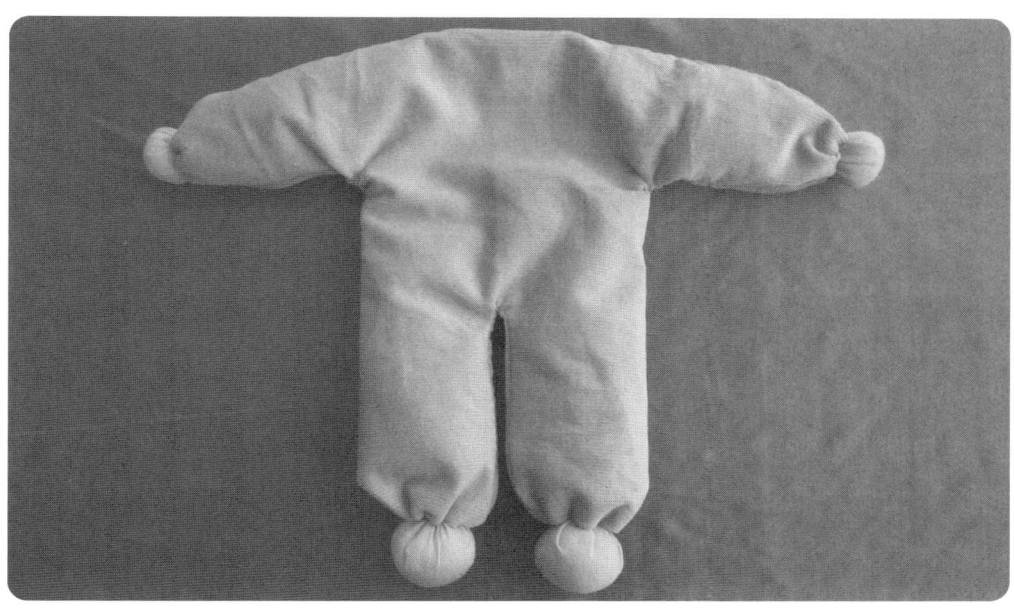

6. 바느질하지 않은 목부분으로 팔과 다리 부분에 양모솜을 조금 넣어준다.

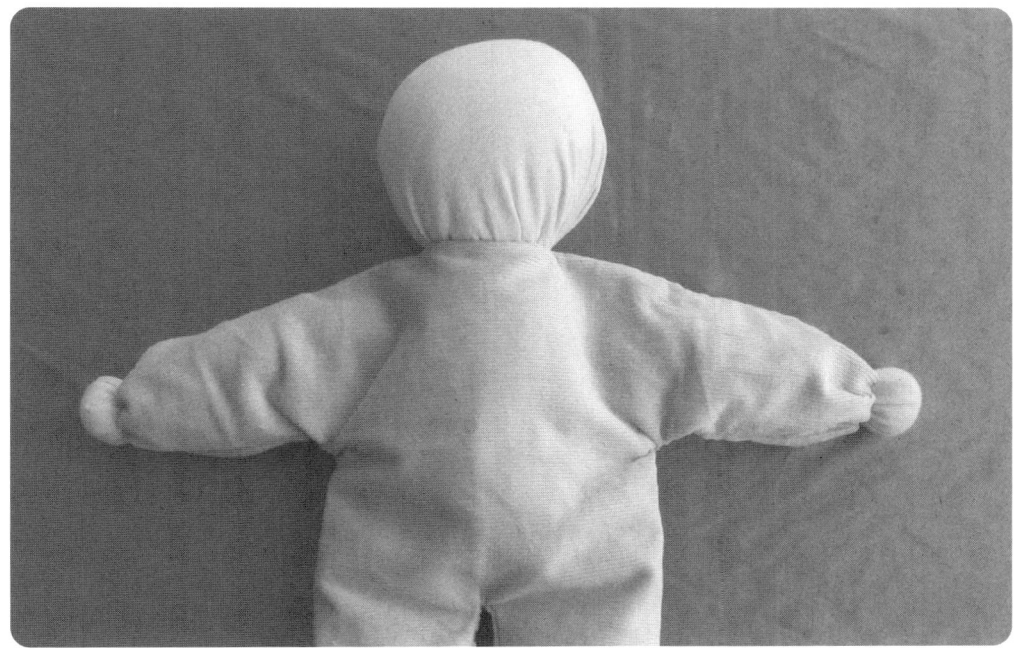

7. 목부분에 만들어 놓은 머리를 넣어 바느질하여 마무리한다.

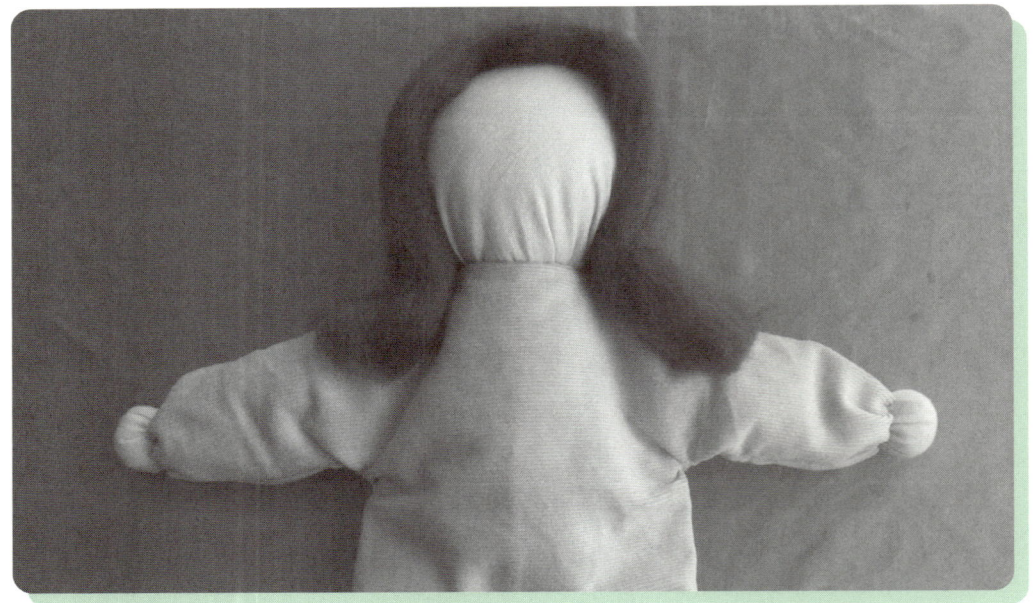

8. 갈색 양모솜을 머리 부분에 놓아 머리카락 만들 준비를 한다.

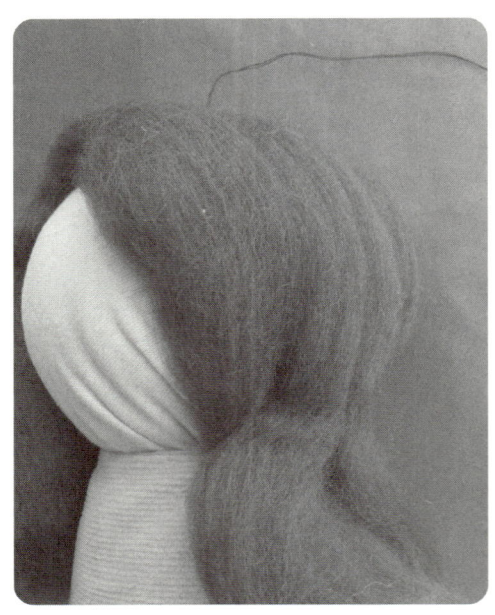

9. 갈색 실을 바늘에 꿰어 머리 카락 전체부분을 바느질하듯 고정시켜 준다.

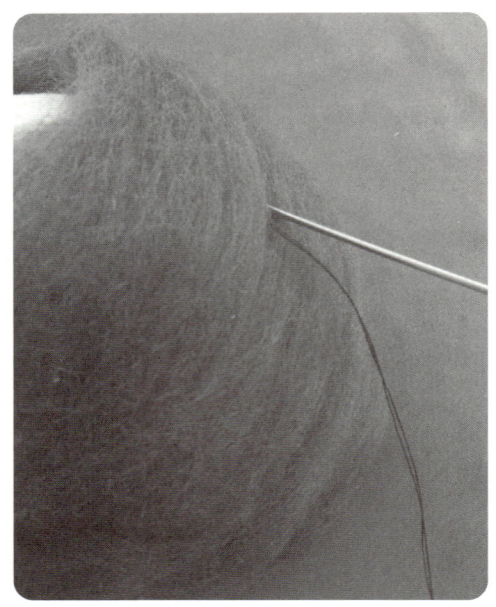

10. 바늘 땀은 아주 작게해서 듬성 듬성 바느질한다.

이렇게 활용하세요!

아이들이 유치원의 생활을 마치고 초등학교로 갈 때 유치원에서의 행복한 시간을 기억하며 초등학교로의 적응생활에 심리적으로 안정감을 느끼게 해주는 인형이다. 아이들은 한 손에 꼭 졸업인형을 안고 마음의 초조함과 불안감을 달래게 된다. 보통 발도르프 유치원에서는 졸업식이 있기 전에 교사의 도움으로 졸업인형을 만들게 된다. 자신의 손으로 아주 의미있는 것을 만들어냈다는 자신감과 조금 더 큰 세계로 나아가는 발걸음에 졸업인형은 정서적인 지지자가 되어준다. 아이에게 분리불안이 있거나 혼자 있는 것을 싫어하는 아이에게도 엄마와 함께 만드는 졸업인형은 아이의 독립심을 키워 가는데 많은 도움이 될 것이다.

아이들과 함께 하는 바느질활동 프로그램

inamu-wald&spiel

처음 발도르프 유치원에서 아이들의 활동모습을 관찰하는 학부모님들이나 교사들은 아이들이 실제 바늘을 가지고 천을 꿰매는 모습을 보며 너무 신기해 한다. 발도르프 교육에서 바느질 활동을 포함한 수공예 활동은 신체감각이 활발한 시기에 아이들의 의지의 표현이며 집중력, 소근육의 조화 등 다양한 발달이 잘 조화를 이루어야 하고 바느질 활동을 통하여 아이들의 여러 가지 발달이 활발하게 발달하는 모습을 볼 수 있다.

아이들의 바느질 활동을 발도르프적인 교육 맥락 속에서 아이들에게 흥미있게 함께 할 수 있도록 다음과 같이 구체적으로 구성해 보았다. 또한 각 활동을 아이들과 함께 시작할 때 동화를 도입함으로 아이들이 바느질 활동을 할 때도 결과물이 아닌 꿈을 꾸는 가운데 그 과정 자체가 의미 있는 활동이 될 수 있도록 구성해 보았다. 본 활동에서 높은 연령의 아이들에게 실시하기 위해 홈질.감침질 등과 같은 구체적인 바느질 방법들을 언급하였지만, 대상 아동들이 즐겁게 참여할 수 있는 것에 더 초점을 두는 것이 좋겠다.

본 활동은 박정기 선생님의 '발도르프 유아교육 방법을 적용한 바느질 활동 프로그램이 유아의 자아존중감에 미치는 영향'이라는 논문 중의 바느질 활동 프로그램을 수정하여 소개하였다.

바느질 활동 1

1.활동명	바느질하는 모습 모델링하기
2.기대되는 효과	바느질 도구와 각각의 사용법에 대해 알 수 있다.
3.준비물	펠트 천, 바늘, 실, 가위, 바늘꽂이, 골무

4.적용방법

①자유놀이시간에 아이들은 각자 자신이 원하는 놀이나 활동을 하고, 교사는 자리에 앉아 바느질을 한다.
②바느질에 대해 관심을 가지는 유아를 옆에 앉히고 교사의 바느질하는 모습을 모델링하게 한다.
③교사는 바느질을 하며 스토리텔링을 통해 바느질 도구의 사용법을 이야기해 준다.

예1) "안녕, 난 골무라고 해. 난 손가락에 모자처럼 씌워져서 바늘이 손가락을 아프게 찌르지 못하도록 막아준단다."

예2) "난 예쁜 색 실이야. 난 아주 작은 바늘의 귀에 쏙 들어가야 해. 하지만 마음을 모으지 않으면 난 바늘의 귀에 들어갈 수가 없단다. 네가 마음을 모아서 나를 바늘의 귀에 들어갈 수 있도록 해 준다면, 난 한 땀 한 땀 정성스럽게 바느질을 할 수 있을거야."

④바느질이 끝나면 각각의 도구를 제자리에 정리해 둔다. 이 때 옆에 앉

아있던 유아와 함께 정리를 한다면 활동이 훨씬 효과적이다.

예) "OO야, 바늘꽂이 친구가 집에 가고 싶다고 하네. OO가 바늘꽂이를 집에 데려다 줄 수 있겠니?"

5.제안점: 유아들이 교사의 옆에 앉아 바느질하는 모습을 모델링하기란 쉽지 않다. 그러므로, 유아들도 교사의 옆에 앉아 수공예 작업을 하도록 한다.

예) 가위로 펠트 천을 자르게 한다거나 바늘에 조각 펠트 천을 끼워서 애벌레를 만들게 한다.

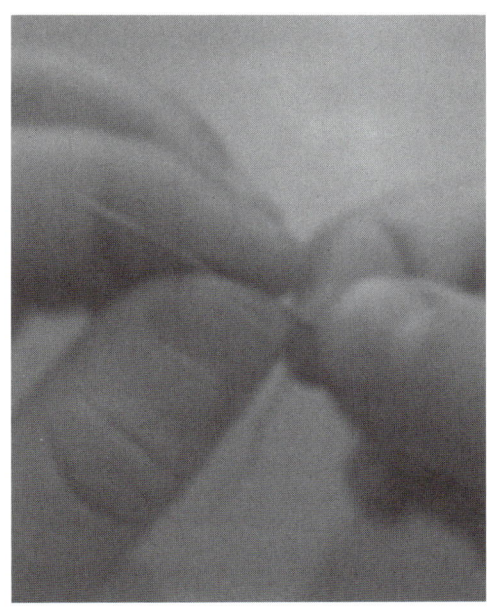

교사의 바느질하는 모습을 모델링하여 유아가 바늘에 실을 꿰는 모습

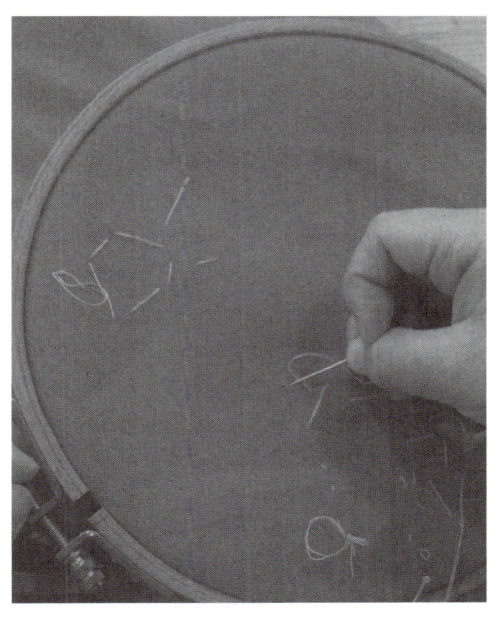

교사의 옆에서 유아가 수틀에 수를 놓는 모습

바느질 활동 2

1.활동명	바늘과 친구하기
2.기대되는 효과	일상생활에서 친숙하지 않은 바느질 도구에 대한 인식과 친숙감을 느낀다.
3.준비물	펠트 천, 바늘, 실, 가위, 바늘꽂이, 골무

4.적용방법

①바늘꽂이에서 원하는 바늘과 실 바구니에서 원하는 실을 선택하도록 한다.
②실은 원하는 길이만큼 스스로 자르게 한다.
③교사가 스토리텔링을 시작한다.
④스토리텔링을 하면서 교사는 유아들에게 바늘귀에 실 꿰는 모습을 모델링하게 한다.
⑤유아들은 교사의 스토리텔링과 모델링을 통해 자신들도 직접 바늘귀에 실을 꿰어본다.
⑥바늘귀에 실을 꿴 후, 실의 끝부분을 잡고 그 위에 바늘을 대고 실을 바늘에 두세번 감은 후 잡아당겨 매듭짓는 모습을 보여준다.
⑦교사의 모델링을 보고 유아들도 직접 실에 매듭을 지어본다.
⑧유아들에게 원하는 천을 고르게 하고 마음껏 바느질 해 보도록 한다.

5. 스토리텔링

옛날 옛날 아주 먼 옛날, 깊은 숲 속 마을에 여러 가지 색 실 친구들이 살고 있었습니다.

어느 날, 빨간 실이 이야기 했습니다.

"난 보드라운 천 위에서 예쁘게 수를 놓고 싶어."

"난 멋진 왕자님이 입을 옷을 튼튼하게 꿰매고 싶어." 하고 파란색 실이 이야기 했습니다.

실들은 너도 나도 이야기를 시작했습니다.

"나는 커다란 가방을 만들고 싶어." "나는 예쁜 공주님 드레스에 레이스를 달고 싶어."

하지만 실 친구들은 자기 혼자서 이 일들을 할 수 없다는 것을 알았습니다.

실 친구들은 모두 모여서 회의를 하였습니다.

그리고는 바늘을 찾아가기로 결심했습니다.

"바늘님, 바늘님, 저희들은 실입니다. 저희들은 수도 놓고 싶고, 드레스도 꿰매고 싶고, 가방도 만들고 싶은데 바늘님의 도움이 필요합니다. 저희들을 도와주실 수 있나요?"

바늘은 한참을 생각하더니 대답했습니다.

"좋아요. 제가 도와드리겠습니다. 어서 제 귀로 들어오세요."

실 친구들은 바늘귀를 통과하여 바늘의 도움을 받아 수도 놓고, 드레스도 꿰매고, 가방도 만들었습니다.

그 후로는 실 친구들은 바늘의 도움을 받아 예쁜 세상을 만들며 행복하게 오래 오래 살았답니다.

6. 제안점

① 바늘이 너무 작으면 상대적으로 바늘귀도 작아져서 실을 꿰기가 매우 어려우므로 조금 큰 바늘들을 바늘꽂이에 미리 꽂아두어 준비해 둔다.
② 바늘은 바느질할 때에는 좋은 도구가 되지만, 다른 사람들에게 피해가 되지 않도록 사용에 주의를 기하도록 한다. 그러기 위해서는 바늘을 사용하고 나면 꼭 바늘꽂이에 꽂아두도록 약속한다.

바느질에 열중하고 있는 유아 모습

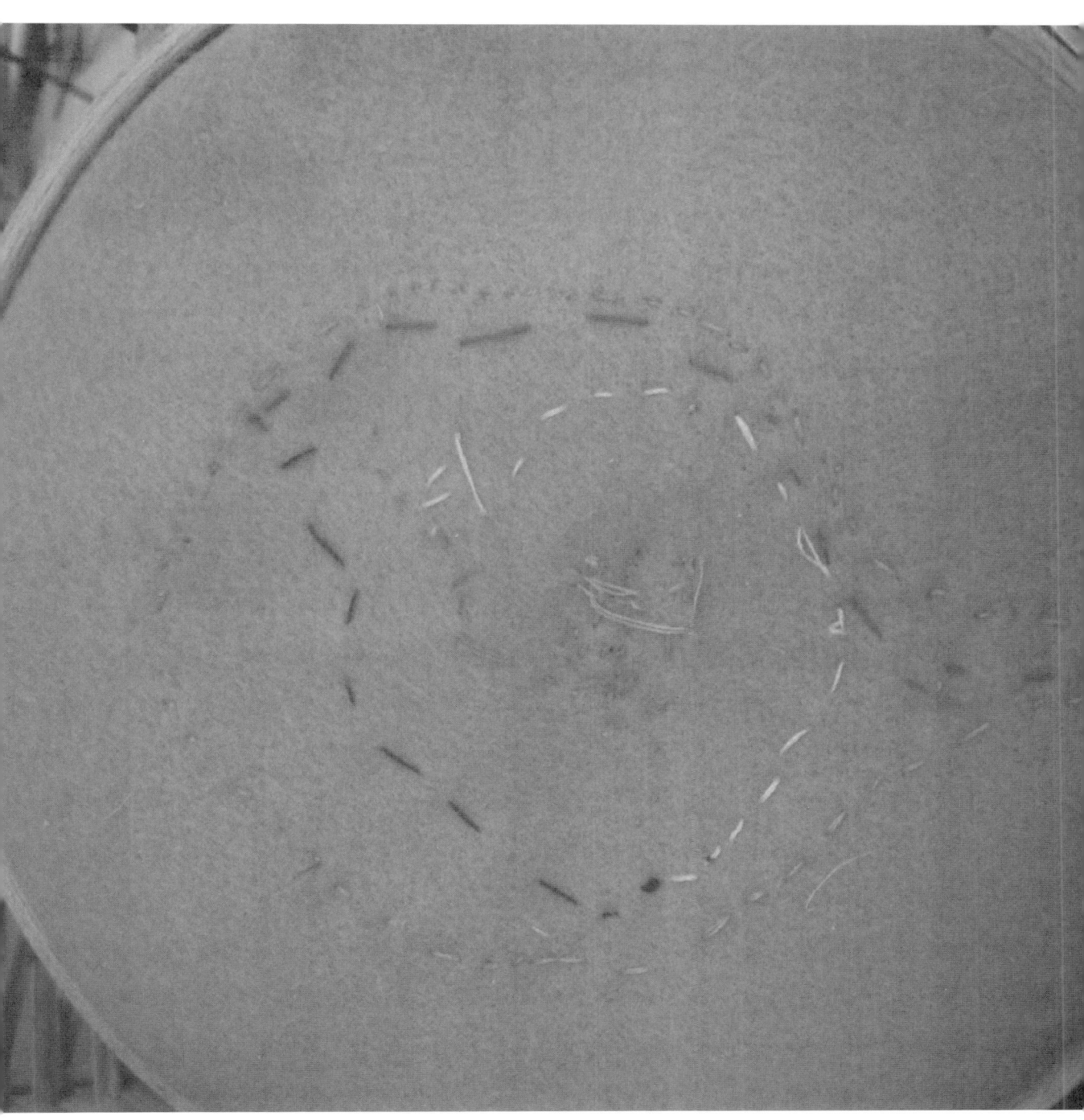

바느질 연습을 하고 난 후 유아가 수틀에 수놓은 모습

바느질 활동 3

1.활동명	바느질 연습하기 1
2.기대되는 효과	반복과 리듬성을 가지고 내적인 패턴과 바느질 방법을 익힌다.
3.준비물	펠트 천, 바늘, 실, 가위, 바늘꽂이, 골무

4.적용방법

①유아에게 실, 바늘 그리고 천을 선택하도록 한다.
②교사가 스토리텔링을 시작한다.
③스토리텔링을 하면서 교사는 유아들에게 바느질하는 모습을 모델링하게 한다. (이때 바느질 방법은 홈질)
④유아들은 교사의 스토리텔링과 모델링을 통해 교사와 같은 방법으로 바느질을 해 본다.
⑤바느질이 어느 정도 익숙해지면, 천 위에 바느질하여 수를 놓아 본다.

5.스토리텔링

길을 만들어요, 길을 만들어요.
실 길을 만들어요, 너무 멀리 가면 안돼요.

한 발자국 한 발자국, 또박 또박.
길을 만들어요, 길을 만들어요.

실 길을 만들어요.

6. 제안점

유아들이 가진 기질마다 다르지만, 꼼꼼하게 바느질하는 유아도 있고, 그렇지 않은 유아도 있다. 꼼꼼하게 바느질하지 않는 유아에게는 바늘땀을 좀 더 작게 하기 위해 "OO야, 바늘은 집에서 너무 멀리 가고 싶지 않다고 하네. OO가 바늘이 조금만 갈 수 있도록 해 줄 수 있겠니?"라고 이야기하며 자유롭고 따스한 분위기 속에 바느질 활동을 통해서 유아마다 각자 성장하고 발달시켜야 할 부분을 이야기 해 주어도 좋을거 같다.

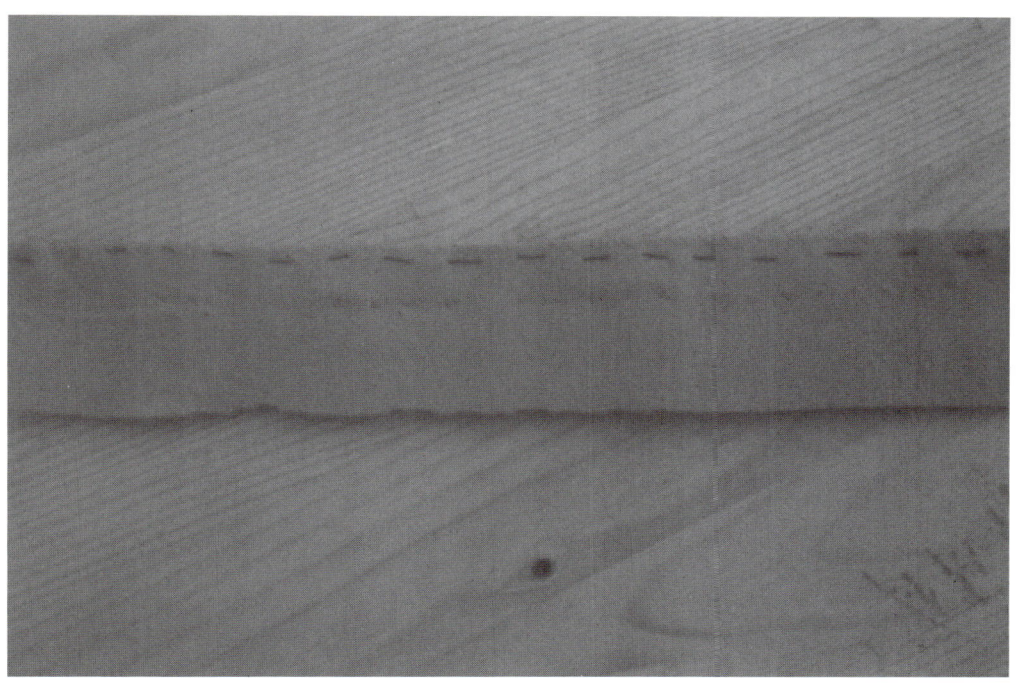

유아가 펠트 천에 바느질한 모습

바느질 활동 4

1.프로그램명	내 가방을 만들어요
2.기대되는 효과	바느질 활동 3을 통해 익힌 바느질 방법을 통해 자신의 개성이 들어간 자신만의 작품을 만든다.
3.준비물	펠트 천, 바늘, 실, 가위, 바늘꽂이, 골무, 시침핀

4.적용방법

①두 장의 펠트 천을 시침 핀으로 고정시킨다.
②유아가 원하는 모양으로 손가방의 패턴을 만든다.
③교사는 스토리텔링으로 유아들에게 무엇을 할 건지 어떻게 할 건지 모델링을 통해서 보여준다.
④유아들은 교사의 모델링을 통해 손가방 패턴대로 바느질을 하여 손가방의 형태를 만든다.
⑤바느질이 끝나면 펠트 천을 뒤집어서 손가방을 완성한다.
⑥털실을 꼬아서 손잡이를 달아 완성한다.

5.스토리텔링

옛날 옛날 아주 먼 옛날, 깊은 숲 속 마을에 기다란 바늘이 살고 있었습니다. 이 바늘에게는 아주 많은 친구들이 있었습니다. 노란색 실, 파란색 실, 흰색 실……. 바늘 친구는 외롭지 않았습니다. 그러던 어느 날 작은 다람쥐 친구들이 바늘을 찾아왔습니다.
"바늘아, 바늘아, 이제 곧 겨울이 다가오는데 겨울동안에 먹을 것이 없어서 걱정이야. 이 숲 속에는 도토리들이 많은데 집에까지 가지고 갈 수가 없어. 어떡하지?"
"다람쥐야, 너무 걱정 하지마. 내가 나뭇잎 친구들을 부르고 예쁜 색 실 친구들을 불러서 나뭇잎으로 가방을 만들어줄게. 그 가방에 도토리를 가득 담아 집으로 운반하면 되잖아." 하고 바늘이 이야기 하였습니다.
다람쥐는 너무 좋아 팔짝 팔짝 뛰며 말했습니다.
"바늘아, 바늘아, 너무 고마워. 네 덕분에 이젠 겨울이 와도 걱정이 없겠어."
그리고, 다람쥐는 추운 겨울에도 맛있는 도토리를 먹으며 행복하게 살았답니다.

6.제안점

①손가방으로 만들 펠트 천에 수를 놓아두면 훨씬 더 효과적인 활동이 될 수 있다.
②소근육이 발달된 유아들에게는 자신의 손가방 모양 패턴을 직접 자르게 해 본다.
③손가방의 손잡이는 털실을 꼬아서 만들어도 되고 펠트 천을 가늘고 길게 자른 후 손잡이로 만들어도 좋다.

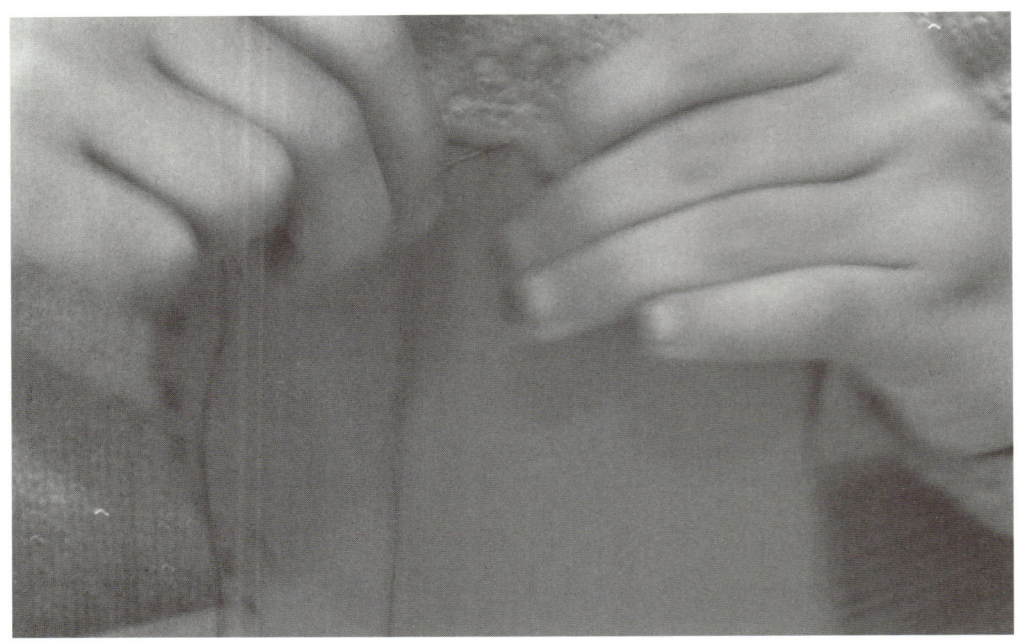

손가방에 바느질하는 모습

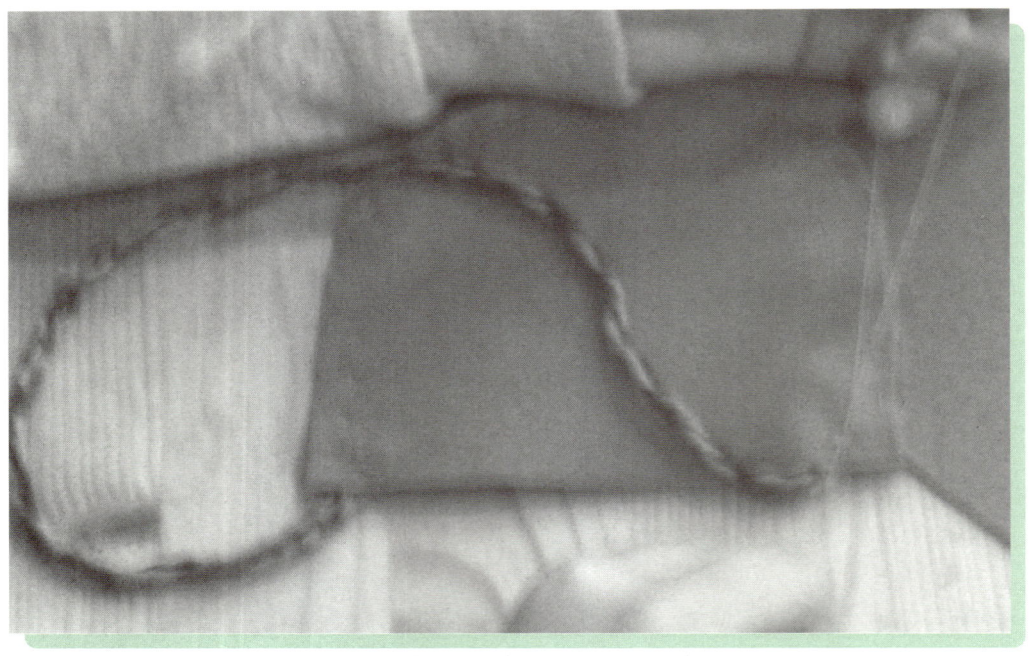

손가방에 손잡이를 꿰메는 모습

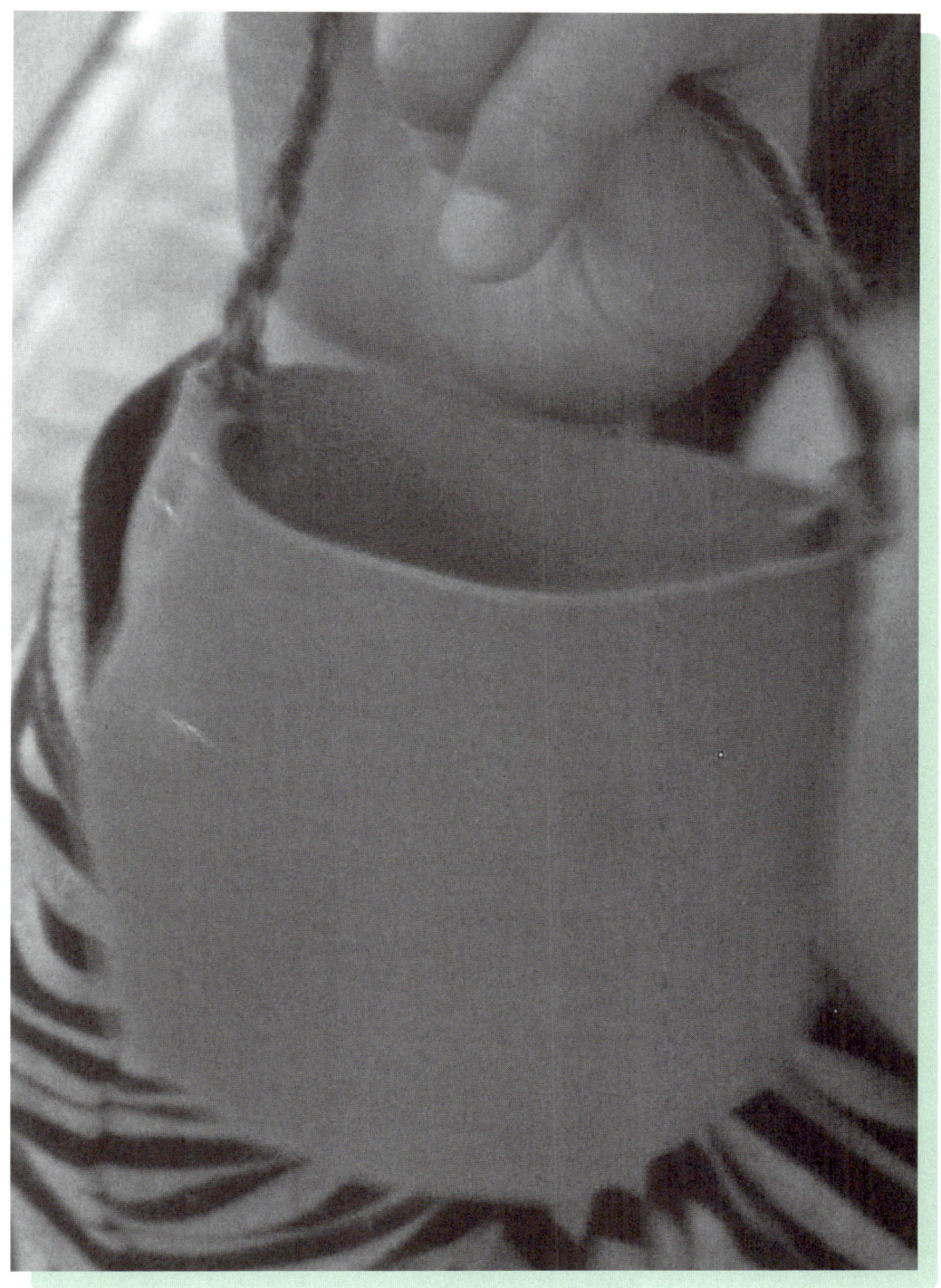

완성된 손가방을 들고 있는 모습

바느질 활동 5

1.프로그램명	바느질 연습하기 2
2.기대되는 효과	섬세한 손근육이 발달되고 눈과 손의 협응 능력을 발달시킨다. 규칙을 이해하고 적용시킬 수 있다.
3.준비물	펠트 천, 바늘, 실, 가위, 바늘꽂이, 골무, 시침 핀

4.적용방법

①유아에게 실, 바늘 그리고 천을 선택하도록 한다.
②교사가 스토리텔링을 시작한다.
③스토리텔링을 하면서 교사는 유아들에게 바느질하는 모습을 모델링하게 한다. (이때 바느질 방법은 감침질)
④두 장의 천을 한 쪽 모서리에 맞추어 겹친 후 시침 핀으로 고정시킨다.
⑤유아들은 교사의 스토리텔링과 모델링을 통해 교사와 같은 방법으로 바느질을 해 본다.

5.스토리텔링

나는 나는 마술사, 마술사 바늘.
한 장의 천과 또 한 장의 천이 만나고
그 만난 한 쪽에, 그 만난 한 쪽에,
마술사 바늘이 지나가면서

수리 수리 마수리 마술을 부리면
수리 수리 마수리 마술을 부리면
어! 천이 한 장으로 되었네. 어! 천이 한 장으로 되었네.

6.제안점

예) "OO야, 똑바로 바느질하는 바느질 방법은 바늘이 펠트 천을 위에서 아래로 그리고 아래에서 위로 올라오도록 바느질하는 방법인데 동글동글 둥글게 감싸면서 하는 바느질은 계속 같은 방향으로 바늘이 펠트 천을 통과하는구나."

각각의 바느질 방법의 차이를 알 수 있도록 한다.

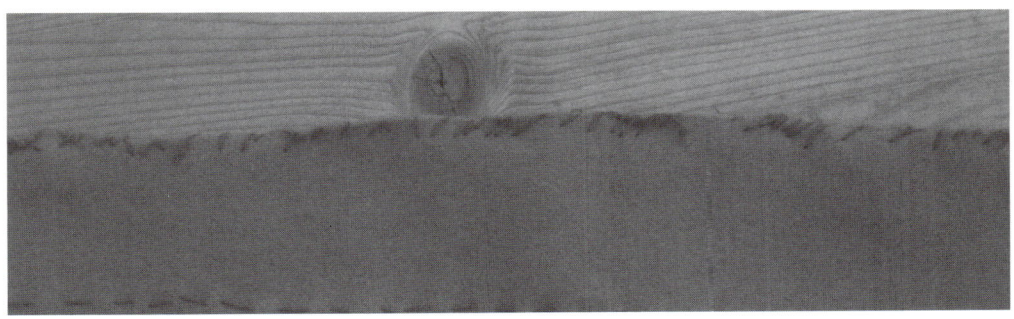

유아들이 배운 바느질 기법으로 바느질한 모습

바느질 활동 6

1. 활동명	바늘꽂이를 만들어요
2. 기대되는 효과	펠트 천을 버선모양으로 패턴화시켜 바늘꽂이를 만듦으로 우리나라 전통 복식 중에 하나인 버선을 인식한다.
3. 준비물	펠트 천, 바늘, 실, 가위, 바늘꽂이, 골무, 시침 핀, 양모 솜

4. 적용방법

①펠트 천을 버선모양으로 패턴화해서 잘라 놓는다.
②교사가 스토리텔링을 시작한다.
③스토리텔링을 하면서 교사는 유아들에게 버선모양으로 잘라놓은 펠트 천에 바느질 활동 5에서 익힌 바느질 방법으로 바느질하며 바늘꽂이 만드는 모습을 모델링하게 한다.
④유아들은 교사의 스토리텔링과 모델링을 통해 바늘꽂이 만들기를 시작한다.
⑤버선모양의 양쪽 옆 부분과 아래 부분을 바느질 하고 난 후, 바느질하지 않은 위 부분을 통해 양모 솜 넣는 모습을 보여준다.
⑥양모 솜을 다 채워 넣은 후, 위 부분도 바느질로 마무리하여 완성한다.

5. 스토리텔링

옛날 옛날 아주 먼 옛날, 어느 숲 속 마을에 기다랗고 뾰족한 바늘이 살고 있었습니다. 이 바늘은 너무나도 기다랗고 뾰족해서 이리저리 다니면서 자신도 모르게 다른 숲 속 친구들을 찔렀습니다.
"아야!" "아야!"
숲 속 친구들은 너무나 아파서 바늘 친구와는 더 이상 같이 놀지 않았습니다. 바늘은 너무나 슬펐습니다.
"왜 내 몸은 이렇게 길고 뾰족해서 친구들이 다 떠나가 버리는거야...."
하며 엉엉 울었습니다. 그때 마침 바늘의 옆을 지나던 할머니가 바늘의 울음소리를 들었습니다.
"바늘아, 바늘아, 왜 이렇게 슬피 울고 있니?" 하고 할머니가 묻자, 바늘은 그동안의 일들을 할머니께 다 이야기 해 주었습니다.
할머니는 한참을 생각하시더니,
"그럼, 내가 치마를 잘라줄테니 버선모양으로 바늘꽂이를 만들어서 다니면 이제부터는 다른 친구들이 너한테 찔리지 않을게다." 하고 말씀하셨습니다. "감사합니다. 할머니." 바늘은 너무 기뻐 눈물을 흘렸습니다.
그 후로는 더 이상 바늘은 다른 친구들을 찌르지 않고 친구들과 함께 어울려 지내며 행복하게 살았답니다.

6. 제안점

자신이 사용하던 바늘과 시침 핀은 자신이 만든 바늘꽂이에 꽂아 보관하도록 한다.

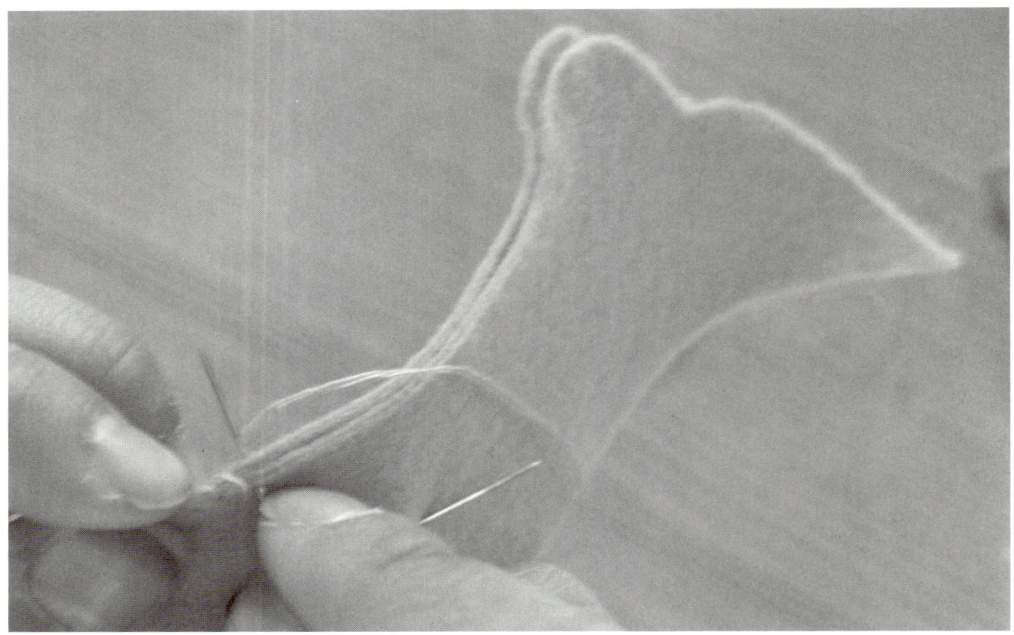

버선모양으로 자른 펠트 천에 바느질하는 모습

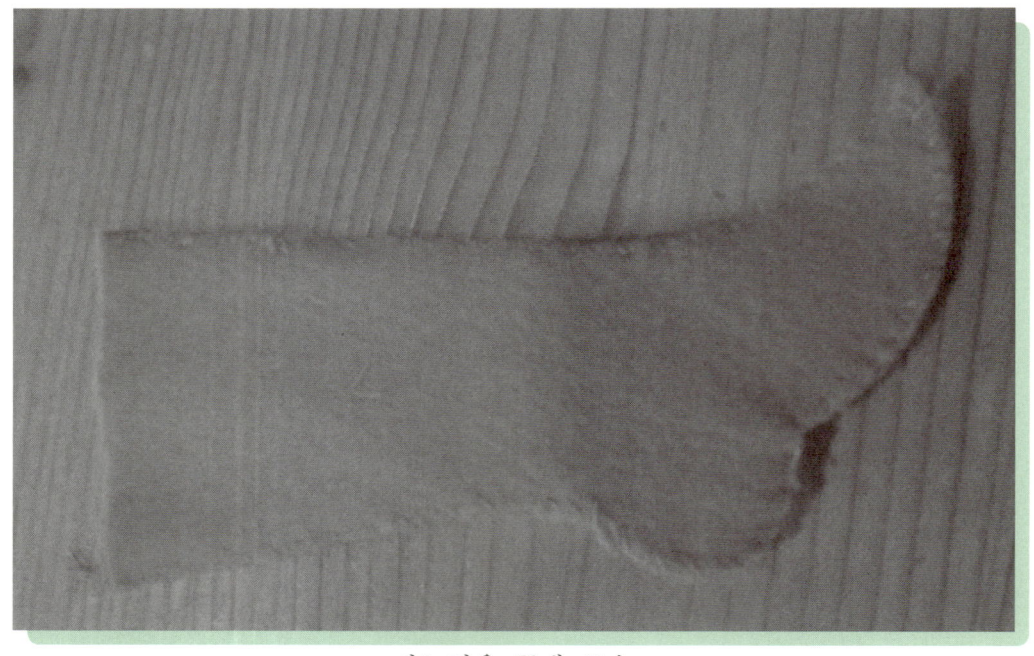

바느질을 끝낸 모습

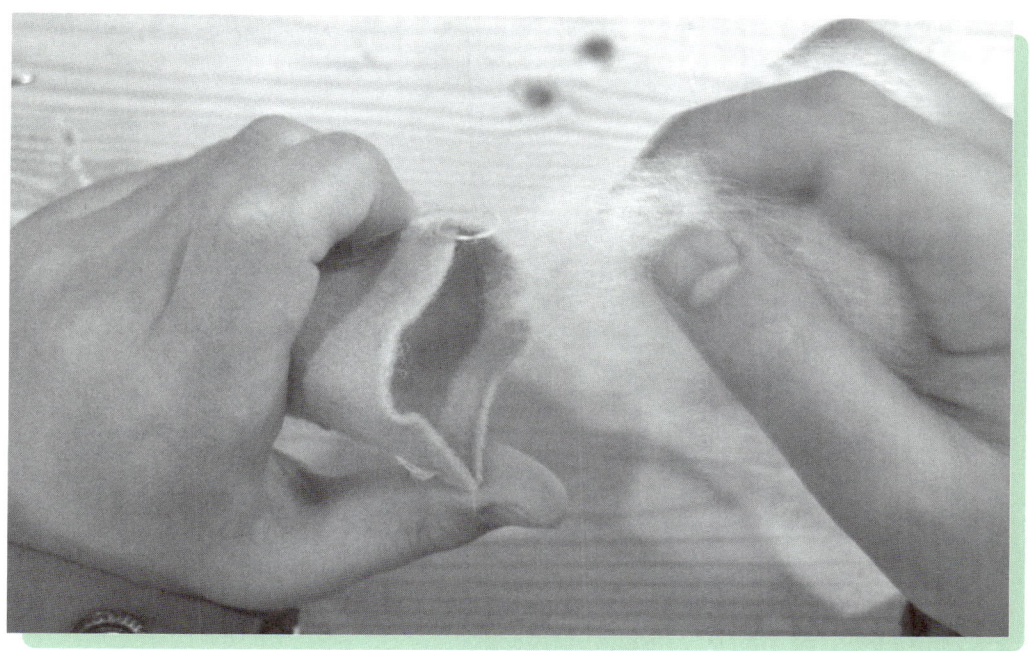

버선모양의 바늘꽂이에 양모솜을 채워넣는 모습

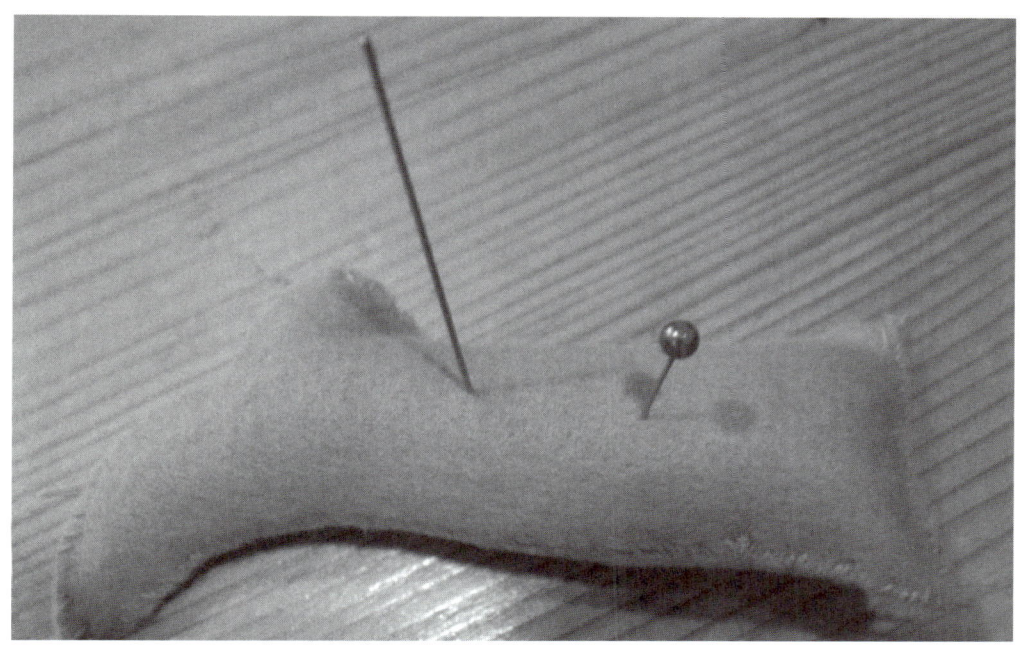

버선모양의 바늘꽂이를 완성하여 바늘과 핀을 꽂아놓은 모습

바느질 활동 7

1.활동명	바느질 연습하기 3
2.기대되는 효과	좀더 복잡한 바느질 방법과 순서를 익히고 더욱 섬세화된 눈과 손의 협응능력을 발달시킨다.
3.준비물	펠트 천, 바늘, 실, 가위, 바늘꽂이, 골무, 시침 핀

4.적용방법

①유아에게 실, 바늘 그리고 천을 선택하도록 한다.
②교사가 스토리텔링을 시작한다.
③스토리텔링을 하면서 교사는 유아들에게 바느질하는 모습을 모델링하게 한다. (이때 바느질 방법은 버튼홀스티치)
④두 장의 천을 한 쪽 모서리에 맞추어 겹친 후 시침 핀으로 고정시킨다.
⑤유아들은 교사의 스토리텔링과 모델링을 통해 바느질을 해 본다.

5.스토리텔링

바늘 친구가 바늘 친구가
천을 뚫고 지나가요.
뾰족한 앞머리에 힘을 주어
뾰족한 앞머리에 힘을 주어
천을 뚫고 지나가요.

예쁜 색 실이 만들어주는
동그란 터널을 지나
바늘은 바늘은 여행을 떠나요.
바늘은 바늘은 여행을 떠나요.

6.제안점

다른 바느질 방법에 비해 바느질 방법이 다소 어려우므로 바느질하는 규칙과 방법을 아주 천천히 여러 번 유아들에게 모델링하게 하여 유아들이 바느질 방법을 완전히 숙지할 수 있도록 한다.

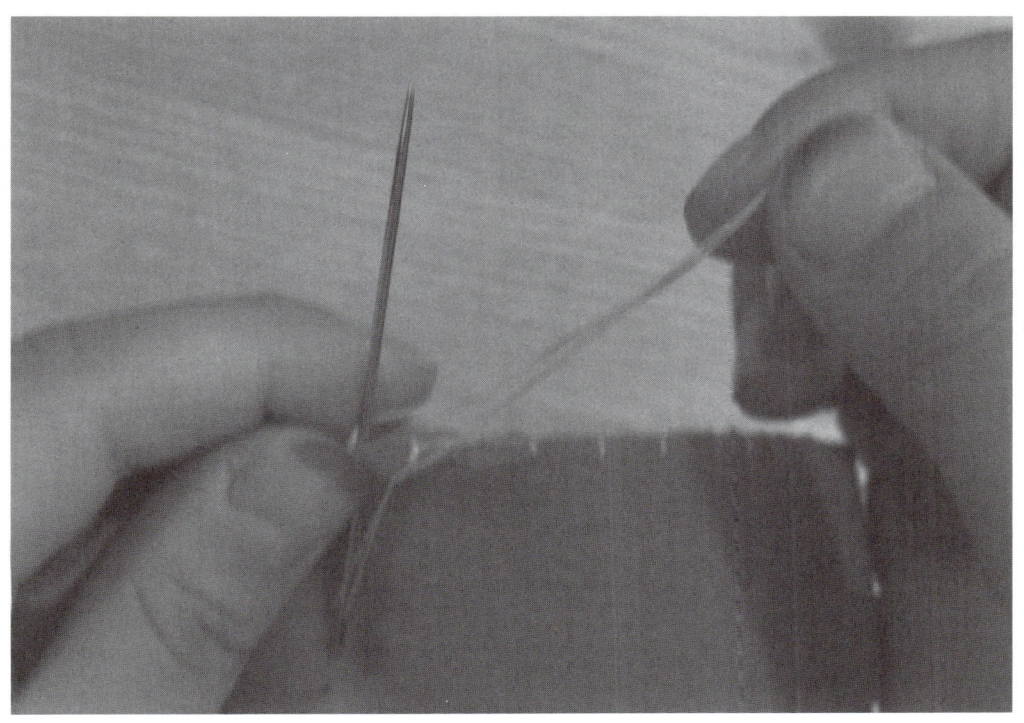

바느질을 연습하고 있는 모습

바느질 활동 8

1.프로그램명	생쥐 인형을 만들어요
2.기대되는 효과	바느질 활동 7에서 익힌 바느질 방법을 이용하여 유아들의 정서발달에 도움이 되는 동물인형(생쥐)을 만듦으로써 집중력과 인내심을 발달시킨다.
3.준비물	펠트 천, 바늘, 실, 가위, 바늘꽂이, 골무, 시침 핀, 양모 솜

4.활동방법

①펠트 천을 생쥐 인형 모양으로 패턴화해서 잘라 놓는다.
②교사가 스토리텔링을 시작한다.
③스토리텔링을 하면서 교사는 유아들에게 잘라놓은 펠트 천에 바느질 활동 7에서 익힌 바느질 방법으로 바느질하며 생쥐 인형 만드는 모습을 모델링하게 한다.
④유아들은 교사의 스토리텔링과 모델링을 통해 생쥐 인형을 만들기 시작한다.
⑤창구멍을 남기고 바느질한 후, 양모솜을 채워 넣는다.
⑥양모솜을 채워 넣은 후, 창구멍도 바느질하여 마무리한다.
⑦귀는 펠트 천을 동그랗게 자른 후 적당한 위치에 꿰매어 준다.
⑧펠트 천을 가늘고 길게 잘라 꼬리를 만들거나 털실을 꼬아서 꼬리를 만들어 준다.

5. 스토리텔링

옛날 옛날 아주 먼 옛날, 어느 나라에 생쥐 한 마리가 살았답니다. 그런데 이 생쥐에게는 친구가 하나도 없었어요. 이 생쥐는 숲 속을 다니며 친구들을 찾아보았습니다. 하지만, 숲 속에는 친구들이 아무도 없었습니다. 함께 숲 속도 다니고 함께 맛있는 치즈도 나눠먹고 함께 여기저기 다닐 친구가 너무나도 보고 싶었습니다.
어! 이 생쥐 친구가 선생님 귀에 뭐라고 속삭이네요.
"애들아, 애들아, 너희들이 마음을 모아 나의 귀여운 생쥐 친구들을 만들어줄 수 있겠니?"
그 후로 외로운 생쥐는 친구들이 많아져서 함께 숲 속도 다니고 함께 치즈도 나눠먹으며 행복하게 살았답니다.

6. 제안점

생쥐 인형 만들기는 다소 시간이 많이 걸리므로 한 번에 다 완성하는 것은 유아들이 흥미를 잃을 수 있게 될 수도 있다. 1회로는 다 완성할 수 없으므로 유아들이 할 수 있는 만큼씩만 바느질을 해서 2-3회 정도 실시하는 것이 효과적이다.

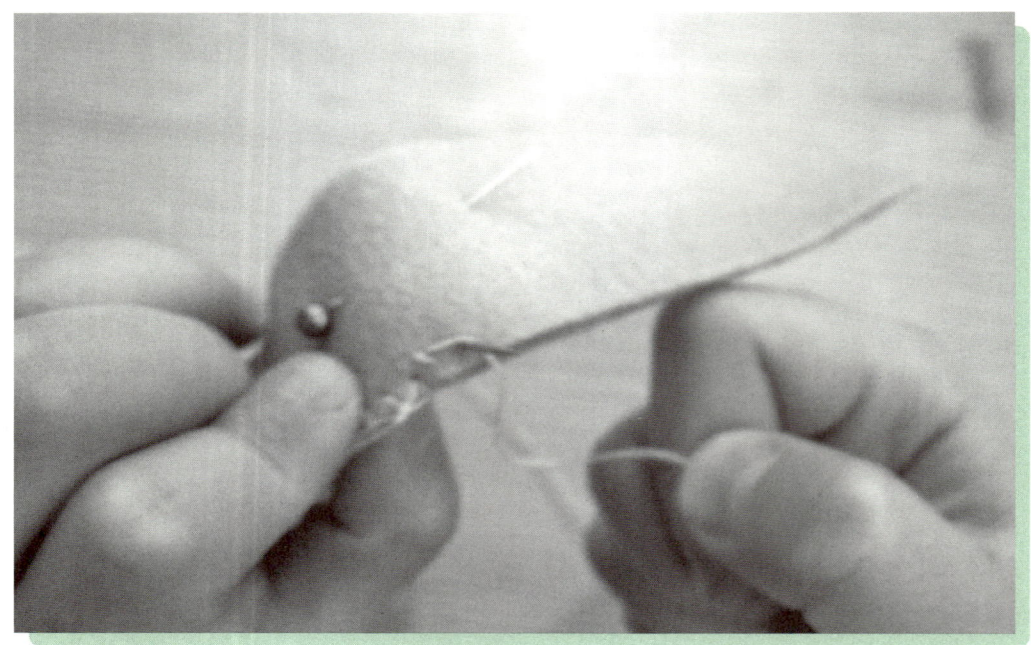

생쥐 인형를 만들기 위해 바느질하는 모습

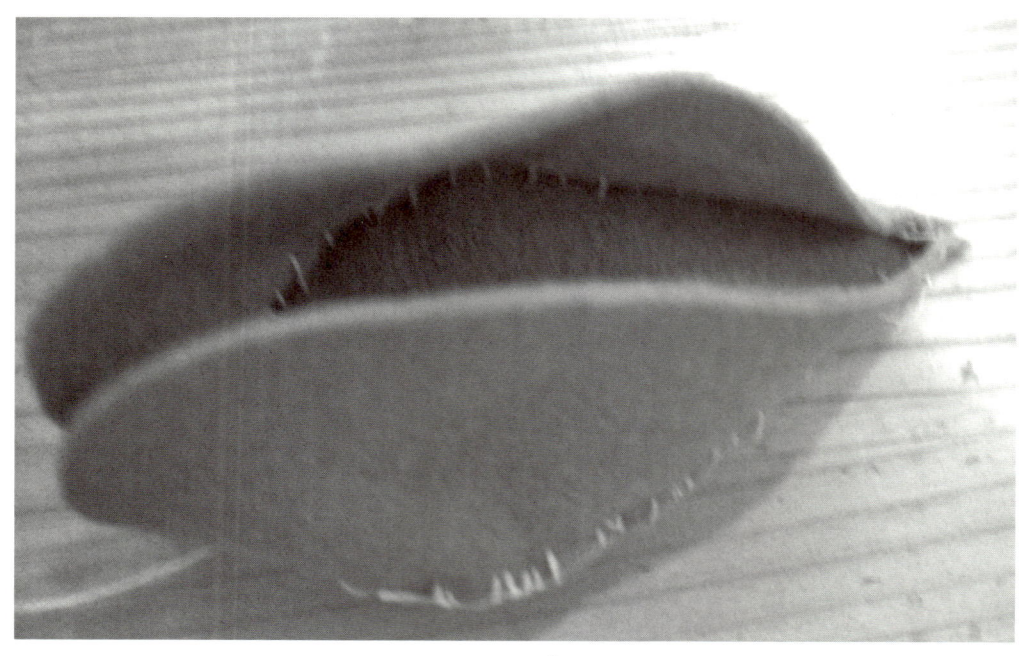

몸통쪽 바느질을 끝낸 모습

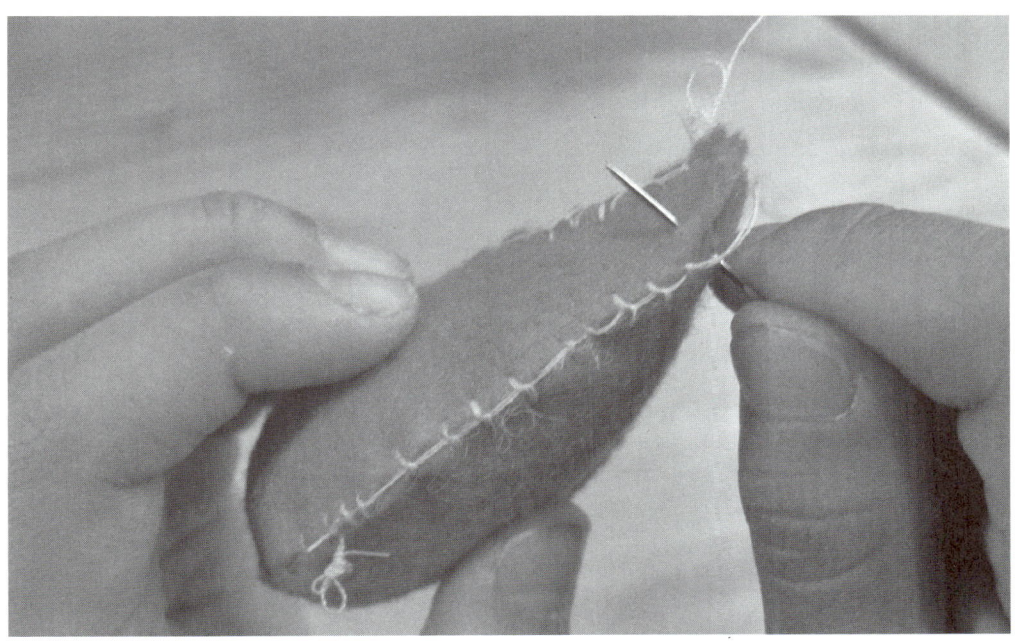

양모솜을 채워넣고 바느질로 마무리하는 모습

유아가 바느질하여 완성한 생쥐 인형

SEWING
바느질 방법

1. 홈질

기초 바느질로 가장 기본이 되는 손바느질의 방법이며, 한 장의 천을 바느질하거나, 두 장 또는 여러 장의 천을 한꺼번에 바느질할 수도 있다.

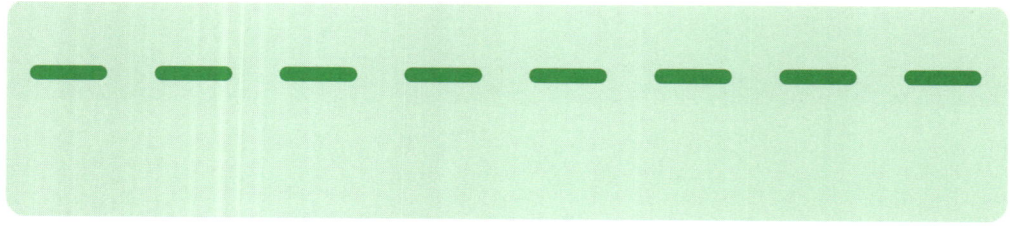

홈질로 바느질한 모습

2. 감침질

감치기라고도 하며, 용수철 모양으로 감아서 꿰매는 방법이다.
한 장의 천인 경우에는 맨 가장자리의 올이 풀리지 않게 하기위해 꿰매거나, 안감이 없는 밑단, 소매끝 등을 처리하는데 주로 사용된다.

감침질로 바느질한 모습

3. 버튼홀스티치

두 장의 천중에서 한 장의 천 안쪽에 바늘을 꽂고 시작한다. 반대쪽 천에 바늘을 꽂아 당기기 전에 실로 둥글게 구멍을 만들고 바늘을 그 구멍을 통해 빼 주면서 당겨준다. 이 방법으로 계속 반복해서 바느질한다.
단추구멍을 만드는 바느질법으로 컷워트, 아플리케 등에 폭넓게 응용된다.

버튼홀스티치로 바느질한 모습

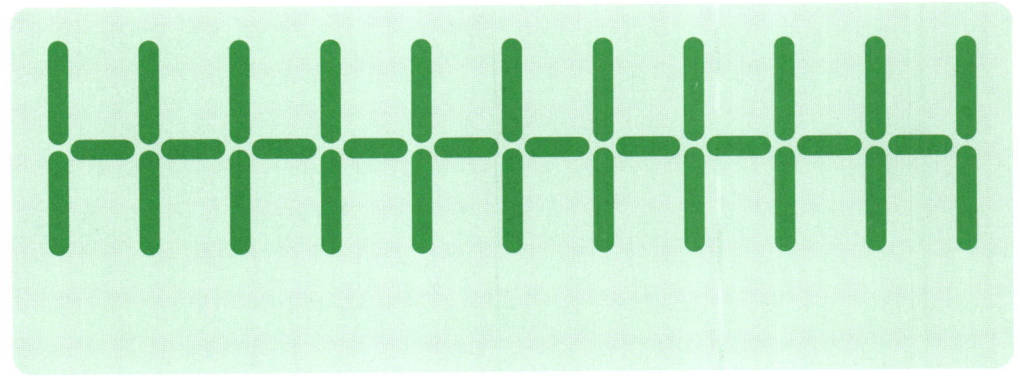

위에서 본 버튼홀스티치로 바느질한 모습

information

발도르프 교육예술 연구소 (분당 아이나무)
www.inamu.org

2002년 분당 정자동에 자연주의 유아놀이센터 아이나무가 설립되었고, 국내에 유아 발달을 바탕으로 한 정통 발도르프 교육을 정착하는데 노력하였다. 도심에서 아름다운 자연을 느낄 수 있도록 디자인되어 있고, 발도르프 유아교육 뿐만 아니라 프로그램 연구, 부모 및 교사교육, 갤러리와 같은 복합 교육예술 공간으로 자리매김하고 있다.

동백 아이나무
www.waldnspiel.org

생태도시인 용인 동백 중동에 설립된 발도르프 유아놀이센터디. 학부모님들과 함께 하는 교육공동체 성격이고 이태리 건축양식과 자연의 빛을 초대로 살린 공간을 통해 아이들에게 놀이를 통한 자연을 느끼도록 디자인되었다. 크리스챤 발도르프 유아교육을 표방하고 있고 유아들의 심리적인 발달에 중점을 두고 있다.

자연주의 교육예술협회

발도르프 유아교육 관련 민간 자격증 개설을 통하여 전문 능력들을 갖추도록 하고, 독일, 캐나다, 일본, 타이완, 중국 등 전 세계의 발도르프 교육 네트워크 및 협력체계를 구축하는 역할을 하고 있다.

한국 발도르프 인형 연구회

상업적인 발도르프 인형이 아닌, 교육중심의 발도르프 인형을 연구하고 정보를 나누는 사이트이다. 발도르프 인형 과정 소개 등의 내용을 담고 있다.

도서출판 아이나무

발도르프 유아교육 관련 도서를 출판하고 있다. 발도르프 교육 환경과 인형 만들기 등과 같이 교육현장과 가정에서 발도르프 교육적인 부분들을 연계할 수 있도록 실천적인 발도르프 관련 도서를 보급하는 것을 목표로 하고 있다.

아이나무 토이즈
www.waldnspiel.co.kr

천연 양모 솜, 100% wool 털실, 펠트 천을 포함한 자연주의 발도르프 인형 재료들과 발도르프 미술, 음악, 놀잇감, 수공예 용품과 작가들이 직접 만든 인형들을 구입할 수 있는 곳이다.